東西霊性文庫
12
L'elan spirituel

「まこと」の開け
「絶対無の場所」から

花岡永子

ノンブル社

まえがき

宗教哲学の勉学や研究を始めて以来、はや六十年程になり、正に「光陰矢の如し」の感の深い今日この頃です。その間、先ず京都大学の宗教哲学主任教授の西谷啓治先生のご指導の下で宗教哲学を学び、次いで京都大学の博士課程の途中から当時の西独・ハンブルク大学のヘルムート・ティーリケ教授の指導の下でキリスト教の組織神学を八年半程学ぶことができました。しかし、帰国後、未だ三十代で、四十代半ばの夫が癌疾患で他界（一九七七年）し、生きる勇気を失いかけておりました。そこで、オイゲン・ヘリゲルのご指導で坐禅の経験もなさったプロテスタントのH・ティーリケ教授の許可を得て、西谷啓治京都大学名誉教授が顧問であられた「京都宗教哲学研究会」の国際禅シンポジウムのコミッティー・メンバーに十年以上も入れていただき、また京都の相国寺専門道場の梶谷宗忍老大師に禅の修行のために相見後の独参が、多くの方々のご尽力で、許可されることができました。

その頃偶然、スイス・アスコナでのエラノス会議からの、一九八四年やその後の会議参加への招待状を二、三度いただき、これを契機に、西谷啓治先生、上田閑照先生そして欧米の諸先生の励ましをいただきながら、学問に生きる勇気が力強く湧き出て来ました。一九九一年と一九九四年のエラノス会議での招待講演にも招いて頂き、欧米の方々との豊かな哲学的、宗教哲学的対話の機会が与えられました。

また、一九八〇年代からは、ジョン・ヒック先生のお招きで米国のクレアモント大学での講義へ、武内義範先生のご紹介で浄土真宗のスミス・カレッジ教授の海野大徹先生（一九二九〜二〇一四）主催の田辺元シンポジウムの講演（一九八九年）へ、また北米シカゴの宗教学会での講演（一九八八年）へ、カナダ・モントリオールの第一回女性解放会議の講演（一九九〇年）等々へ招かれて、講演・拙論への質問等から多くの方々との対話を経て、啓発されることができました。その後も更に、一九九三年のモスクワでの第十九回と、一九九八年のボストンでの第二十回との、世界哲学会での発表に出かけました。それ以前にはマールブルク大学での招待講演（一九八九年）やハイデルベルク大学のホワイトヘッド学者R・ヴィール教授のゼミでの講演招待に出かけ（一九八九年）、アムステルダム・自由大学での宗教哲学のシンポジウム講演（一九八九年）や、ボン大学神学部でのシンポジウム講演（一九九五年）、ライデン大学（一九九五年）やエラスムス・ロッテルダム大学での講演（一九九五年）、フランクフルトやハレーでのティリッヒ国際シンポジウムでの講演、イギリスのケンブリッジ大学・セント・ジョンズ・カレッジでの招待講演（二〇〇一年）等々へ出かけて、日本の西田幾多郎の「絶対無の哲学」をなんとか広めたいと願いながら、講演、対話を続けてきました。

これは、一方では、既述のように、「絶対無の哲学」が深められ、かつ世界へと広げられて行き、世界の人々が、人類の一員としても、個としても、争いを止めて根源的な思考に支えられて生き得るようにと願ってのことでありました。しかし、他方では、欧米・中国・インド・オーストラリア等々での諸学会での研究発表を通しての、研究者の方々との質疑応答や対話を通しての相互の思考法の相互理解から、ジャック・デリダが西欧の伝統的な主流の形而上学としての哲学において、脱構築できなかった対話の自由としての正義・許し・歓待・責任に生きるという自覚や、西田やホワイトヘッドが最終的に到達した「誠」（まこと）としての「宗教」が、類、種、個の区別を超えて、哲学や宗教に生きるあらゆる領野の人々の次元にまで浸透していくことを願ってのことでありました。

しかし、四十九歳までに、「絶対無の哲学」の他に、学び、研究し続けてきたキェルケゴール、エックハルト、カント、ヘーゲル、アウグスティヌス、ティリッヒ、クザーヌス等々の哲学や、キリスト教・仏教の思考方法だけではなく、どうしてもホワイトヘッドの万有在神論（panentheism）が基礎となった有機体の哲学の勉学・研究が、宗教哲学と自然科学とが通底する「絶対無の場所」としての開けの究明に際して、必要となりました。

一九七七年にドイツから帰国後四年にして夫が他界した際に、京都大学の先輩のM同志社大学教授から「日本ホワイトヘッド・プロセス学会」への入会のお誘いがありましたが、「夫の他界後で、まだ元気が出ませんので」と辞退させていただきました。しかし、その後数年経って、京都大学教授の山本誠作先生のお誘いで入会させていただき、一九八八年の北米シカゴでの「米国宗教学会」の一部会「プロセス思想と西田哲学学派」の座長・延原時行教授から、ホワイトヘッドのプロセス思想と仏教哲学と連関した講演の依頼を、京都大学の先輩の常盤義伸教授を通して、いただきました。筆者はその当時既に四十九歳でした。ホワイトヘッドの理解には三十年はかかると仄聞しておりましたので、それほど長生き出来るか否か、大変心配でした。しかし、西田・田辺・西谷の「絶対無の哲学」の展開とその未来はどのように開けて行くのかが全く未解決のままでは、哲学に生きる者には許され難いことと考え、講演をお引き受けしました。その講演までの一年間は、これまでとは全く相違した思考法に、心身そして身心共にヘトヘトに、そしてボロボロになりながら、ホワイトヘッドの著作集を読み続けました。この書物は、今振り返ってみると、どうしても学ばなければならなかった思考法をも与えてくれました。仏教ともキリスト教とも相違した、自然科学者・数学者にして哲学者であるホワイトヘッドの新たな思考法が進められていたからです。

三十年ほど、ホワイトヘッドの書物を読み続けてみると、西田幾多郎（以下敬称略）に始まり、田辺、西谷の哲学に通底している「絶対無の哲学」は、ホワイトヘッドの、——永遠的客体（eternal object）の客観的種（objective species）の場における純粋数学や純粋物理学を除いての領野での——思考法にも通底していることが分かってきました。それは、無実体的な「生成」や「出来事」の場が基礎となった「自覚」の思考法であり、「絶対の無限の開け」と各「個」との双方の自らの立場の「二重否定」が核心となっている思考法であります。

「絶対無の哲学」が現代の様々な困難な問題と、つまり、環境倫理や超越者としての神の問題、生成や出来事としての森羅万象のあり方、ニヒリズムの問題や宗教の理解の仕方、社会変革の問題、あるいは「いのち」や「生」「死」の問題、政治やさらには非神話化の問題や美の問題、平和の問題等々と、どのように対決し、解決しようと試みて行くべきかを、七十歳での大学定年後ほぼ十一年の間、一歩一歩、ゆっくりと考えてきた足跡が、本書であります。

現在の思いは、諸宗教と諸学問の根底は「一」である「絶対無の開け」であるということです。生まれ育った自らの家庭では、一八〇四年に麻酔薬を案出した華岡青洲の孫弟子となった、筆者の父方の曽祖父以来、宗教は儒教や禅仏教であり、また東京大学の第一代の中国文学の教授となった筆者の母方の曽祖父・島田篁村（一八三八～一九九八）以来、母方は儒教やキリスト教などで、各自が相違した宗教や宗派に属していました。その上、学問的には、父方は理系で母方は文系でありました。その中で筆者が辿り着かざるを得なかった開けは、「絶対無の開け」であり、この開けに溢れる「まこと」の開けでありました。著者の到り得た「まこと」は「誠」（英語：loyalty　独語：Wahrhaftigkeit）でしたが、白川静著『字統』（平凡社、一九八八年、一〇〇三頁参照）によれば「まこと」に対応する漢字は三十四字あります。そこで、色々の漢字の「まこと」の可能性をも含み得るという意味合いで、「まこと」と表記しました。白川静氏の説明（上掲書五〇〇頁参照）によれば、「誠」は「契約を成就する」や「天の道」の意味となっています。しかし、著者の考えによれば、その意味に加えて更に、利己的自我が大死して自我中心の対象化の言語が消え去り、そこから全く新たな「私即汝、汝即私」の開けの次元の言葉が現成することが「誠」

と理解され得ることを付言いたしたいと思います。

本書の内容は、重複している事柄も多々ありますが、様々な視点からの論究ですので、読者の皆様がご寛恕の心でお読み下されば幸いです。

なお、本書は、花園大学名誉教授の小林圓照先生がお誘いくださり、出版に至り得ました。ノンブル社の東西霊性文庫４の拙著（『キリスト教と仏教をめぐって――根源的いのちの現成としての「禅」』）に次いでの二冊目の拙著出版をお誘い下さいまして、本書の出版が可能となりましたことに、心より厚く感謝申し上げます。更に、ノンブル社の皆様に、特に編集担当の高橋康行様には大変お世話になり、多くのご助言を頂きましたことに、ここに厚く御礼申し上げます。

花岡　永子

二〇二〇年九月二十六日

目次

目　次

目次

第Ⅰ部　宗教哲学と自然科学に通底する「まこと」

第一章　「まこと」について考える

一　西田幾多郎とホワイトヘッドの哲学の類似性

日本の最初の独創的哲学者・西田幾多郎（一八七〇～一九四五）と二十世紀のイギリスの数学者で定年後アメリカのハーバード大学の哲学の教授に招聘されたホワイトヘッド（Alfred North Whitehead, 1861-1947）とは、共に二十世紀の新しい哲学を提唱している。両哲学者は共に、プラトン（Platon, B.C.428/427-348/347）の著書『ティマイオス』（*Timæus*）に語られている「場」（chora）[1]にヒントを得ている。ホワイトヘッドは、イギリスでの学生時代から哲学の講義をイギリスの大学勤務の定年に至るまで聴講し続けており、それが世に知られて、専門の数学の教授定年後、アメリカの哲学教授に招聘されたという。西田とホワイトヘッドの両哲学者は、それまでの一切を対象化、客観化、抽象化、固定化そして実体化（＝永遠、普遍、不変なものに固定化、存在化）することによって思惟しようとする哲学から、一切を存在としてではなく、生成のうちで思索しようと試みる「場所」や「場」の哲学へと創造的に、しかも両哲学者相互の直接的連絡や影響なしに、それぞれ全く新たな哲学を樹立しようと試みている。例を挙げれば、両哲学者は、「実体と属性」の思考法を採らず、仏教におけるごとく一切を無実体的に理解しようとする。その上実体的な思考法における主語論理ではなく、述語的論理で思考する。両者共に、「個が先ずあってその個が経験するのではなく、経験から個が形成される」と考える。つまり両者での思考は、「自覚の論理」で成り立っている。西田に従えば、自覚とは、「自己が自己において自己を見る」という「自己の自覚」と「世界が世界において世界を、一人一人の個において見る」という「世界の自覚」とから成り立っている。したがって、両哲学者の論理は、根源的には、日々の生活における生成の経験によって個が形成されて行く論理であって、対象的認識の論理ではない。西田は、論理とは「世界の自己表現の形式」とも語っている（『西田幾多郎全集』第一一巻、岩波書店、一九六五年、六二頁）。

神や仏やウジア（ousia 本質）、イデア（idea 原型）、エイドス（eidos 形相）が実体的に理解されている哲学の論理は、一般的にはアリストテレス以来の「思惟の三原理」（①同一律〔＝AはAである。〕②矛盾律〔＝Aは非Aではない。〕③排中律〔＝AはAであるか、非Aであるかのいずれかであり、その中間的存在は有り得ない。〕）という「存在認識の論理」で一切を考えようとする。しかしながら、西田の「絶対無の哲学」やホワイトヘッドの「有機体の哲学」では、例えばヘーゲル（Georg Wilhelm Friedrich Hegel, 1770-1831）における論理（悟性の論理の「存在の論理」、否定理性的論理としての弁証法的論理の「本体の論理」、肯定理性的論理としての思弁的論理の「概念の論理」）も超脱されている。というのも、両哲学者においては、既述のように、経験によって各個が形成されて行くという「自覚の論理」

が基礎となっているからである。しかも両哲学者の考え方（Denkweise）が二重否定に存しているからである。二重否定とは、簡略に述べれば、一方では、一切を包摂する絶対無の場所自身の自らの働きという立場の「絶対化の否定」とそれと同時的な新たな、相対的次元での働きが蘇生するという二重の否定が、他方では、人間の各個の己事究明、即ち自我に大死して新しい自己に生まれ変わるという二重の否定が、意味されている。

両哲学は、自覚の論理においてのみならず、哲学の根源に宗教が、しかも共に「誠」（loyalty, Wahrhaftigkeit）と理解された「宗教」が据えられている点においても共通している。両哲学は、宗教哲学として成り立っているからである。宗教哲学は、宗教の反省・説明であり、宗教と哲学とを相互に橋渡しする。

二　ニーチェの批判する「誠」

ここで生ずる誤解に注意が払われねばならない。キリスト教の根源である「誠」が、哲学者ニーチェ（Friedrich Wilhelm Nietzsche, 1844-1900）によって批判されているからである。ニーチェは、この世を「力への意志」と「同じものの永劫回帰」で理解しようとしている。したがって、そのような考え方から見られたキリスト教の「誠」は、弱小民族・イスラエルの「力への意志」と見なされる。つまり、ニーチェによれば、弱小の十二民族からなるイスラエルには「誠」以外にはいかなる長所もないので、「誠」を他国に対して誇れるイスラエルの「力への意志」として用いていたが、それがキリスト教の徳の核心として継承されているにすぎないというのである。しかしながら、キリスト教の核心となっている「誠」は、旧約聖書の「エレミヤ書」10・10、「創世記」24・27、「サムエル記第一」12・24の「誠」や新約聖書の「山上の垂訓」（「マタイによる福音書」5〜7）、「愛の讃歌」（「コリントの信徒への手紙一」13）の神的愛としてのアガペー等に見られるように、この世への執着としての、あるいは弱小民族としての「力への意志」の「誠」ではない。キリスト教における「誠」では、神の側と人間の個の側との双方の「二重否定」による「誠」が意味されている。キリスト教の「誠」においては、世俗的な「力への意志」が放下されて、もっぱら神への信仰に生きることと理解されている。しかし、そのような、神と人間の側の双方における「誠」は、双方における「二重否定」によって初めて可能である。その場合、神の側の二重否定とは、新約聖書の「フィリピの信徒への手紙」2・7に神の「自己無化」(kenosis, emptying) がパウロによって述べられているように、三位一体の神（＝父なる神と子なる神と聖霊は、本質は「一」で、働きは別様という教義）の独り子・キリストが受肉し、人類の罪の贖いのために磔刑に処せられる（＝絶対の神自らの第一の否定）と同時に、絶対の働きの神と「一」なる神の独り子・イエス・キリストが三日目に復活（死したイエス・キリストの第二の否定）するという二重否定である。人間の個の側の「二重否定」とは、人間の各個がそれぞれ「己事究明」の修練（＝自我から実存へ、実存から生へ、生から虚無へ、虚無から真の自己へと第一段階の否定）において自我に大死（＝第一の否定）

して、死から真の自己（久松真一の万物に通底する所謂「無相の自己」、formless self）へと生まれ変わり（第二の否定）、学び（まね）のキリスト者として生きるという二重否定である。しかも、その場合「誠」が、宗教の根幹となっている。

三　一切の宗教の根幹としての「誠（まこと）」

神と個との二重否定を可能にする宗教の根幹である「誠」と、ニーチェの批判する世俗社会や政治のレベルでの「誠」とは、全く相違している。西田とホワイトヘッドが別々に、共通に語る「宗教とは誠である」という理解は、ニーチェがキリスト教に対する批判とする「誠」とは全く別次元の特徴である。

数ヶ月前に、ある神学者から、世良亨著『誠実と日本人』（ぺリカン社、一九八〇年）に書かれている「誠実の克服を求めて」の意見を頂いた。しかし、宗教抜きの世俗の次元での倫理で語る誠、誠実と、宗教の根幹と見なす、キリスト教、西田哲学、ホワイトヘッドが語る「誠」「誠実」とは、次元が相違している。何故なら、既述のように、宗教の根幹である「誠」「誠実」は、絶対者と人間の個との「自己無化」における「二重否定」が経られているからである。

無論、シュライアーマッハー（Friedrich Daniel Ernst Schleiermacher, 1768-1834）が、「絶対依存の感情」として宗教を、意志に根拠を持つ倫理学から切り離したのは、宗教理解の一面として偉業ではあった。しかしながら、宗教が根幹に置かれていない単なる世俗の倫理(＝キェルケゴールの所謂「第一倫理」)は、罪の問題や宗教を根幹とした倫理(キェルケゴールの所謂「第二倫理」)とは全く相違している。それ故、「自覚の論理」に貫かれた宗教が根幹となった倫理や哲学は、二十一世紀に是非とも必要と考えられるのである。

註

(1)『プラトン全集』第一二巻所収(『ティマイオス他』種山恭子訳)岩波書店、一九七五年参照。西田におけるプラトンの「場」への言及：『西田幾多郎全集』第四巻、岩波書店、一九六五年、二〇九頁。ホワイトヘッドにおけるその言及：*Adventures of Ideas*, The Free Press, London, 1967, p.187.

第二章 「神と自然」の同一性と差異性の問題

――旧約聖書とホワイトヘッドの「神理解」を介して――

はじめに

旧約聖書の神は、森羅万象の「出来事」と「一」になって共に働く「働きとしての神」であり、万物の生成に関わる「働きの神」である。モーゼに名を聞かれた神（「出エジプト記」3・14）は、「私はいる、というものである」(1)と答えている。しかしながら、ヒブル語の旧約聖書（Septuaginta, LXX, セプトゥアギンタ、七十人訳）が成立したとき、「生成の神」は、実体的な「存在の神」へと転換してしまった。ヒブル語の「ある」や「いる」が意味される“haya”が、ギリシア語のeinai（存在するの不定詞形）に翻訳された結果乗じた転換である。Haya（ある、いる）では「出来事」や出来事に伴う「生成」が意味されるが、einai（あること）では「存在」が意味される。しかも「存在の神」は、当然ながら「最高存在の神」と理解されてしまう。実体的な「最高存在の神」理解は、その後のヘーゲルに至るまでの西欧の正統の伝統的形而上学としての哲学の流れからは消滅しなかった。

また、生成する現実態（actuality）としての自然と共に「一」に働く旧約聖書の神は、ユダヤ系のオランダの哲学者スピノザ（Baruch de Spinoza, 1632-1677）では、「神即自然」（deus sive natura）と考えられ、神は能産的自然（natura naturans）、被造物（自然）は「所産的自然」（natura naturata）と理解された。シェリング（Friedrich Wilhelm Joseph von Schelling, 1775-1854）、ヘーゲル（Georg Wilhelm Friedrich Hegel, 1770-1831）そしてヘルダーリン（Johann Christian Friedrich Hoelderlin, 1770-1843）にも、スピノザの影響が見られる。ヘーゲルでは「絶対理念の神」の自己展開での一段階としての「自然哲学」理解に、シェリングでは悪を「神の中の自然」に見いだしている点に、またヘルダーリンでは詩歌に、スピノザの「神即自然」の影響が窺える。

しかし、本章では、古代ギリシア哲学以来ヘーゲルに至る西欧の伝統的な正統の形而上学としての実体的・観念論的哲学、即ち、有（存在）―神―論的（onto-theo-logisch）な古典哲学が突破された、ヘーゲル以後の非実体的な「神と自然」の同一性と差異性の理解が、――ユダヤ教の旧約聖書理解とは直接的な関係はないにも関わらず――旧約聖書におけるそれらと通底するところが垣間見られることが論究される。この論究が、現在あらゆる点において行き詰まっているかの如き哲学や環境倫理の今後の歩むべき新たな一つの道となると考えられる。というのも、現代哲学が解決し、そこへと進むべき道の一つが、自然（人間を含む世界）と超越の次元（神、仏、絶対の無限の開け等）が渾然一体的に生き得る世界が実現することと考えられるからである。

つまり、十四世紀から十五世紀頃にイタリアに端を発したルネサンス（人道主義）以来、人間・

自然・超越の次元が分離し始めたが、これら三領域の渾然一体的な世界が実現しなければならないと考えられるからである。

一　旧約聖書における「神と自然」

旧約聖書の神は、既述のように「私はいる、という者である」と語った。この意味内容は、ボーマン（Thorleif Boman, 1894-1978）の『ヘブライ人とギリシヤ人の思惟』(2)の解釈が、また、有賀鐵太郎（一八九九〜一九七七）によってhayatology(3)（キリスト教的存在論）が提唱されている。両聖書学者では、出来事と「一」に共に働く「働きの神」、生成の神が、逆に固定的―存在論的となったことが指摘されている。また、ハンブルク大学神学部・旧約聖書学者のコッホ（Klaus Koch, 1926-2019）が、論文「ギリシア語圏でのヘブライ的な真理概念」(4)の中で、七十人訳のギリシア語旧約聖書の成立により、旧約聖書の未来に向かっての信頼に満ちた契約（＝約束）に向かって働く神の「誠」（'emeth' エメット）が、真理（aletheia）と訳されることによって、「誠」の概念がギリシア的な無時間的で抽象的、実体的な概念に転換していることを述べている。

しかし、「自然」についてては、ヒブル語とギリシア語とでの自然の語彙に大きな相違が見られず、ヒブル語の自然（saphlack）もギリシア語の自然（phusis）も共に「自ずから然る」という「自然法爾」の意味で、共通している。ギリシア語の自然（phusis）については、ハイデガー

(Martin Heidegger, 1889-1976) が著書『ヘラクレイトス』[5] で、自然を「自ずから然る」(von sich her aufgehen) と理解している。しかしながら、自然の語源は、ギリシア語の phusis (自ずから然る) だけではなく、ラテン語の語源 natura (= nasci「生まれること」から派生した言葉) は「生まれること」、物事の「性質や本質」をも意味する。ギリシア語の自然には、ラテン語の自然の語源の意味が明白には出ていない。ヒブル語とギリシア語の自然の意味内容が「自ずから然る」と、酷似しているのに対して、「生まれる」や「生成」のラテン語の語源の意味が、ギリシア語の自然の意味に明白に受け入れられていなかったことからは、古代ギリシア哲学以来の西欧の伝統的・正統的な形而上学に、「生まれる」や森羅万象の一々の誠の本性や本質が見落とされ、各種類の類・種・個の「一」性が見落とされ、環境が破壊され、個が等閑視されてきたニヒリスティックな現在の地上の世界の現状が、結果してきたとも考えられ得る。

二　ホワイトヘッドにおける「神と自然」

1、ホワイトヘッドにおける自然

十七世紀の「知は力なり」と語ったベーコン (Francis Bacon, 1561-1626) に始まる近代的な知性万能主義的自然科学の急速な発展、展開の中で、人間の知性のみが重視され、情意は無視され、更にニーチェ (Friedrich Wilhelm Nietzsche, 1844-1900) によって「神は死んだ」とまで語られた。

しかし、ホワイトヘッド（Alfred North Whitehead, 1861-1947）は、一九一八年に第一次世界大戦で末の男の子の戦死に遭い、哲学的思考に転換が生じ、一九二〇年には『自然の概念』を出版し、そこで「自然」を「出来事」（event）と理解している。

一九二四年、ロンドン大学定年後、ハーバード大学の教授職を得るまでに、彼は宗教経験を経て、一九二六年には『形成途上の宗教』（*Religion in the Making*）が刊行される。その三年後の一九二九年には、彼の後期哲学主著『過程と実在』が刊行される。そこでの彼の自然理解は、「合生」（concrescence）へと発展している。自然が「合生」と理解されることが、ここで簡略に解明されねばならない。そのためには、先ず、彼の有機体の哲学においては、万物の一々は自己原因（causa sui）で成り立つ微細な現実的実有（actual entity）（神以外では、同時にactual occasion 現実的契機）から成り立っていることが理解されねばならない。そして、actual entity の内部構造が「合生」と理解されていて、またactual entity の内的構成要素が、知性ではなく、feeling（感受、感じ）である。また、彼の哲学における究極的範疇は、「創造性」（creativity）、「多」（many）そして「一」（one）の三つである。全ての「合生」は「創造性」――プラトンの『ティマイオス』[6]における場（chora）、つまり一切を包摂し、成り立たせる「絶対の無限の開け」としての、いわば西田哲学での「絶対無の場所」に対応すると理解し得る――における開け（hypodoche, Receptacle）での「合生」である。森羅万象のそれぞれのactual occasion からなる「多」から「一」へとfeeling の導きによって合生され、更にそれぞれの非連続的連続な過程へと進んで行きながら、自ら以外の全てのactual entity にそれぞれ影響を及ぼしつつ、新たな一つのactual entityが増し加えられて行く。多から一への合生をactual occasionはその後、満足（satisfaction）に至るまで続けていく。それぞれのactual occasionは、それぞれの目標としている合生の最終相に達する段階ではそれぞれの生成途上のactual entityとしては死滅するが、その後の他の新しいactual entityの合生における資料・与件（data, givenness）として存続して行く。

以上の一連の非連続の連続性における「過程」となっているactual entityの「合生」が、『自然の概念』ではevent（出来事）と理解されていた「自然」が発展・展開した自然理解である。「合生」としての「自然理解」は、現代の生命システム一般の理論である「オートポイエーシス」[7]や非平衡系における自己秩序形成の『散逸構造』[8]等とも矛盾していない。これは、natureのギリシア語phusisが、ハイデガーも語るように「自ずから然る」（独：von sich her aufgehen）を意味し、ラテン語naturaがnasci（生まれること）から派生し、事柄の生成や本質・性質を意味していることとも連関していると理解されうる。

2、ホワイトヘッドにおける神

ホワイトヘッドにおける神は、一つのactual entityである。全ての他のactual entityは同時にactual occasionであるのに対し、神であるactual entityだけは同時にactual occasionではない。というのも、神の本性（nature）は、三つの本性（①現象的本性primordial nature，②結果的本性 consequent nature，③自己超越的本性 superjective nature）から成り立っていると考えられているからである。しかも、神の「原初的本性」は、究極的範疇の一つである「創造性」（creativity）から与えられている。したがって、神は、「創造性」に依拠している。しかし、神は、新しさ（novelty）を要とした創造性の新しさへの「刺激物」（goad）である。この意味において「創造性」と「神」とは、一面では相互依存的である。

さて、神の原初的本性は、自由で、完全で、原初的、永遠的、現実的には欠如的、非意識的である。[9]しかし、神の結果的本性は、「時間的世界から派生した物的経験と共に生じ……限定され、未完、結果的、永続的（everlasting）、十分に現実的かつ意識的」[10]である。しかも、神の結果的本性は、神の原初的本性との結合に至る。何故なら、神は「概念的作用の前提された現実態」[11]であり、神の概念的本性は最終的完結性、完成された調和である故に、不変と理解されているからである。それ故、神は、究極的範疇の一つである「創造性」から原初的本性を与えられてはいるものの、万物の「秩序とあたらしさ」の源泉であり、万物の合生での新しい創造の働きの現実態では、常に共在している。

神の「自己超越的本性」は、神の結果的本性が原初的本性と非連続的な連続の「合生」のうちで、統合しながら万物の一々の actual entity の最終的到達点の満足（satisfaction）において露わとなる。[12]

以上からも明確のように、神の「本性」（nature）は、以下の三側面において重要である。①

原初的本性を「創造性」から得ている側面、②万物の秩序の基底と新しさの刺激物を包摂する概念的作用として前提されている側面、③万物の一々の actual entity の内的構造である合生の最終目的である「満足」へと、feeling によって誘発されながら、非連続の連続の過程における現実態（actuality）としての世界と共在（togetherness）している側面である。③は、自然のラテン語の語源の意味内容に対応している。[13] 更に、神は、chora（場の開け）が形となった永遠的客体（eternal object）には「概念的価値づけ」において依拠しているが、神は eternal object の基底でもある。したがって、神は、eternal object とも相互依存関係にある。

さて、「神の本性」は、自然の意味内容をも包摂している。したがって、神の三つの本性は、自然（＝世界、現実態）と共在していると理解され得る。この理解の根拠は、ホワイトヘッドの後半期の主著『過程と実在』（以下 *PR* と略記）の第Ⅴ部第二章第五節[14]にも見られる。ここでは、最終的対立者（直観による六項目と最後の七項目＝①喜びと悲しみ、②善と悪、③離接と接合、④流動と恒常性、⑤偉大さと瑣末さ、⑥自由と必然、⑦神と世界）がコントラストへと交替していくことが述べられている。そして、⑦項目の「神と世界」の対立の対照性がコントラスト（＝対照＝ actual entities を一つの抱握で総合）へと転換することが、*PR* の核心的問題となっている。

神は、世界との対立からコントラストへと転換し、「世界における働き」や「世界における総合的要素」と理解され、その上 eternal object と概念的価値づけにおいての協働の基底となっている。しかも、神は「創造性」に対する刺激物（goad）と理解されている。しかもこれらを前堤した上で、彼における神と世界（自然）のコントラストの関係は、以下の五項目において相互に可逆的となっている。

神と世界（自然）の相互の「生成の働き」における互換性

①恒常性と流動性
②「一であること」と「多であること」
③「勝義に現実的であること」
④相互における内在性と超越性
⑤「一方が他方を創造すること」

以上の五項目における神と世界（自然）のコントラストにおける相互可逆性は、ホワイトヘッドにおける「神と自然（世界）」との働きにおける根底的な「自己同一性」と理解され得る。

3、旧約聖書とホワイトヘッドにおける「神と自然（世界）」の同一性と差異性の問題

ホワイトヘッドの有機体の哲学の要は、「神と自然（世界）」とのコントラスト（対照）における「働きにおける自己同一性」と理解され得る。他方の旧約聖書における「神と自然」の関係の要は、「働きとしての神」と、神と一体となって共に働く「自然」との、「働き」における共在的な生成（becoming）である。「神と自然」との、前者のコントラストにおける「働きにおける自己同一性」と後者の共在の「働きにおける協働」、つまり、両者における「自ずから然る働き」とし

ての神、換言すれば、ホワイトヘッドの「合生としての自然」と、旧約聖書の「自然法爾の自然」とは、根底的に通底していて、働きにおいては自己同一的と理解され得る。

両者の神と自然の理解における差異性は、ホワイトヘッドにおいては、神の働きには、究極的範疇の一つの「創造性」からの原初的本性を与えられ、eternal object には、概念的価値づけにおいて依拠している――無論、既述のように、創造性も eternal object も神との協働においてのみ働き得るのではあるが――。これに対して、旧約聖書では、働きの神は創造性や概念的価値づけをも兼ね備えていることが、先ず挙げられる。次いで、ホワイトヘッドには、例えば、ブーバー（Martin Buber, 1878-1965）がユダヤ教の核心としている「I-Thou-relation」（我―汝―関係）の自覚は、ホワイトヘッドの原子論的な actual entity の考えの中には、明白には出されていない。第三に、ホワイトヘッドの神と自然との関係は、四十七の範疇からの種々の制約、制限を受けているが、旧約聖書の神にはそのような制限がないという相違が存する。

しかしながら、それらの差異性にも拘わらず、「自ずから然る」働きの非実体的神と、「自ずから然る」、対象化不可能の「自然法爾」の自然との、働きにおける「神と自然」の非実体的な自己同一的理解は、一切を包摂する絶対の無限の開け（西田哲学の「絶対無の場所」）において、今日の行き詰まった世界状況の歩みを、力強く支えてくれる思考法の一つと考えられる

神と自然（世界）との同一性と差異性の問題は、典型的にはこれまでの哲学においては、ハイデガー、西田幾多郎、ホワイトヘッドの三哲学者によって論究されてきた。ハイデガーで

は、有そのもの（das Sein selbst）から性起（sich ereignen, Ereignis）によって存在するもの（die Seienden）の現象界が生じ、前者と後者の差異性から、両者の同一性がヘルダーリンの詩歌に目指された。西田哲学では、「自己の自覚」から出発して、それが「世界の自覚」に包摂される転換（全集第七巻最後の論文から第八巻以降第一一巻まで）が生じている。彼において目指された両者の同一性は「誠」（loyalty）である。ホワイトヘッドでは、*PR* 第Ⅴ部第二章第五節で、神と世界（自然）との五項目に亘る相互互換性が示されている。彼において目指された両者の同一性は誠（loyalty）とエロスをも包摂するアガペーである。これら三者の例は、神（「有そのもの」「世界の自覚」「創造性」）と、それと対照性をなして融合性へと進む、自然（die Seienden 世界の自覚）との、それぞれの前半期における差異性と、その後の哲学的な歩みの中で目指された同一性は、旧約聖書で示された「神と自然」との非実体的同一性から、セプトゥアギンタで示されたギリシア的な「存在（有）―神―論」的な神理解を経て、漸く両者の元の同一性への帰還する歩みと理解されることが可能である。

そこには、地理的には欧米・アジア・イスラエルが、また文化的にはユダヤ―キリスト教・イスラム教もが包摂された新しい道が開かれていると考えられる。

註

（1）聖書（聖書協会共同訳・旧約聖書続編付き、日本聖書協会、二〇一八年）。ヒブル語の旧約聖書の神の名が「私はいる、というものだ」の部分は、宮本久雄著『ヘブライ的脱在論』（東京大学出版会、二〇一一年）では、「私はあろうとしてあらん」と「未完了」形に訳されている。しかし、本章では、英訳（*Holy Bible—New International Version*, 1988）（I am, who I am）やツヴィングリの独訳（Ich bin, der ich bin）に従った。ルターの独訳（Ich werde sein, der ich sein werde）には従わなかった。というのも、「働きの神」は、常に全ての出来事と共に「一」に働いているものと考えられるからである。以下、参照書物。

・Thorleif Boman 著の原典：*Das hebräische Denken im Vergleich mit dem griechischen*, Vandenhoeck & Ruprecht, in Göttingen, 1952, S.28f..

・有賀鐵太郎（一八九九～一九七七）著『キリスト教思想における存在論の問題』創文社、一九六九年。

・宮本久雄（一九四五～）著『ヘブライ的脱在論―アウシュヴィッツから他者との共生へ』東京大学出版会、二〇一一年。

（2）『ヘブライ人とギリシヤ人の思惟』植田重雄訳、新教出版社、昭和三二年。Vgl. *Das hebräische Denken im Vergleich mit dem griechischen*, Vandenhoeck & Ruprecht in Göttingen, 1952.

（3）有賀鐵太郎著『キリスト教思想における存在論の問題』創文社、一九六九年。

（4）Vgl. *Was ist Wahrheit* ?, *Hamburger theologische Linguvorlesung*: Vandenhoeck & Ruprecht, in Göttingen, 1965, S.47-65.

（5）Vgl. M. Heidegger, *Heraklit* (Gesamtausgabe Band 55), Vittorio Klostermann, Frankfurt a.

M. S. 103, 214, 298.『ハイデッガー全集』第五五巻「ヘラクレイトス」創文社、一九九〇年、一一七、一九九、二四五、三三二頁参照。

（6）Platon, Timaios, *in Platon Werke* Band 7, 96f.

（7）H・R・マトゥラーナ／F・J・ヴァレラ著『オートポイエーシス―生命システムとはなにか』河本英夫訳、国文社、一九九一年参照。

（8）G・ニコリス／I・プリゴジーヌ著『散逸構造―自己秩序形成の物理学的基礎―』（*Self-Organization in Nonequilibrium Systems―From Dissipative Structures to Order through Fluctuations*）小畠陽之助・相沢洋二訳、岩波書店、二〇一三年参照。

（9）A. N. Whitehead, *Process and Reality*（= *PR*), Corrected edition, edited by D. R. Griffin & D. W. Sherburne, Collier Macmillan Publischers, London, 1929, p.345. 邦訳：『ホワイトヘッド著作集』第一一巻『過程と実在』（下）、山本誠作訳、松籟社、六一五頁、一九八五年。

（10）Op.cit. p.345, 邦訳 op. cit. 六一五頁。

（11）引用部分の英原文：*PR* p.345. "the presupposed actuality of conceptual operation"

（12）*PR* p.84, 邦訳一四五頁。

（13）ここでは詳論できないが、ホワイトヘッドにおける場（chora）の形相化した eternal object における objective species と subjective species とは、仏教における「正偏五位」（＝曹山五位）の五番目の「兼中到」における如く、同一性へと深められるべきと考えられる。

（14）Cf. *PR* p.348, 邦訳六二〇頁。

第三章　京都学派の哲学――西田・田辺・西谷において――

二〇〇八年六月十三日と十四日に、台湾大学で、京都学派の哲学と現代新儒教との間での対話のためのシンポジウムが開催された。台湾大学の現代の新儒教の研究者の方々の発案で、台湾大学側からは約二十名の研究者が出席され、日本側からは三名の京都学派の哲学の研究者が招待された。筆者も三人のうちの一人として招待された。台湾大学の意向は、第二次世界大戦以後、京都学派の哲学と台湾の現代新儒教とでは何らの対話も実現されてこなかったので、両学派の哲学の対話の実現を通して、両国の友好を進め、延いては世界の哲学の発展にも貢献したいということであった。そこで先ず、両国から二人ずつ参加の座談会が開かれ、戦後初めての両学派の対話がなされた。そしてその後で、両国から各々二人の講演があり、忌憚のない質疑応答がなされた。二日目は、台湾の側からの、哲学の種々の立場からの研究発表が行なわれ、質疑応答がそれぞれについてなされた。本章はその時の、第一日目の筆者の英語の講演を邦訳し、加筆したものである。そのため、京都学派の哲学とは如何なる哲学であるかを、筆者の解釈も加えながら論究したものが、本章の内容となっている。以下は、その講演である。英語拙論の邦訳に際しては加筆されている。

京都学派という学派名は、色々な学問分野で使われているが、今回の講演では哲学における京都学派に限定してお話をしたい。京都学派の哲学に属する学者も沢山いるが、このシンポジウムでは、西田幾多郎（一八七〇～一九四五）、田辺元（一八八五～一九六二）そして西谷啓治（一九〇〇～一九九〇）の三哲学者に限定してお話をしたい。

西田、田辺、西谷の三哲学者では、キリスト教や仏教、更には哲学の研究が深められ、彼らの存命中には哲学の分野で、また最終的には宗教哲学の分野で、本来的な個としての自己のあり方、種のレベルのあり方、そして類の世界のあり方の三者の、相互に何らの関係の齟齬もない根源的な「一」のあり方が、探求され続けていたと言える。

右に挙げた三哲学者ないし宗教哲学者たちは、中国の歴史上の様々な宗教、思想、哲学、論理からも豊かな影響を受けている。各哲学者に最も深い影響を与えた中国の作品や思想は、西田では老子の『道徳経』や『華厳五教章』が挙げられる。西田幾多郎が一生涯をかけて探求しようとしたのは、「形なき形を見、声なき声を聞く」ことであった。この言葉は、老子の『道徳経』に描かれている。また、西田の最終的立場は、ポイエーシス（創造的にものを造ること）の立場であるが、この立場は、華厳宗の「理事無礙」の世界とも特徴づけられている。[1] 田辺においては、『正法眼蔵の哲学私観』（一九三九年）がある。道元の『正法眼蔵』には、中国で道元が出会い、彼の師となった如浄の影響が存すると考えられるのである。西谷においては、中国の『寒山詩』[2]や『碧巌集』（一三〇〇年）[3]からの、また華厳の思想の、就中、「事事無礙」の世界観からの影響が見られる。

台湾の現代新儒教と京都学派の哲学の間には、前者が実体的思惟方法で、後者は無実体的な思索方法で考えるという大きな、思考形態上の相違性が存するにも拘わらず、右に挙げた三人の京都学派の哲学者たちは、中国から豊かな文化的、思想的影響を受けているのであるから、京都学派の哲学と現代の新儒教の間には、接点が、更には両者に通底する次元が見出される筈であると考えられるのである。

そこで、先ず京都学派の先に挙げた宗教哲学者の特徴を簡単に挙げて、このシンポジウムでの対話の最後に、両者間の接点ないしは共通の場が露わとなることが望まれるのである。

一　西田・田辺・西谷哲学の出発点

1、西田哲学の出発点

西田は、哲学への動機は、アリストテレスの言うような「驚き（taumazo）」ではなく、深い「人生の悲哀」[4]からであると語り、さらに哲学は「世界の自覚」から始まると考えている。『西田幾多郎全集』の第一巻から第六巻までは「自己が自己において自己を見る」という「自己の自覚」が論究されている。そして第七巻から第一一巻までは、個において「世界が世界において世界を見る」という「世界の自覚」が究明されている。しかし、西田においては、「自己が自己において自己を見る」という自己の自覚は、個において「世界が世界において世界を見る」という「世界の自覚」と「一」に成り立っている。両者の自覚は、対象論理的に、つまり、主観―客観―図式で対象的に見られるならば、全く矛盾し、対立している自覚であるが、西田における所謂「絶対無の場所」での主―客―未分離の次元での「一」の自覚である。したがって、どのような固定的な、つまり静的な、永遠で普遍で不変の立場をも認めないことを意味する。また西田での場所とは、西田の説明を借りれば、絶対の「矛盾的自己同一的な絶対現在」を意味する。場所の説明のためにここで西田によって使われている「絶対」は、「絶対無」の絶対とは相違して、普通に使われる意味としての「相対を絶している」ということを意味している。したがって、西田での「場所」とは、そこでは一切の両極性が「一」に成り立っている「開け」と言い換えることもできよう。しかもこの「開け」は、単なる「開け」ではなく、対象論理の用語を借りれば、「無限」の開けであり、かつ相対を絶しているので「絶対の無限の開け」である。この開けは、主観―客観―図式を突破して、主―客―未分離の次元で表現されれば「永遠の今」とも言える。時と永遠とが渾然一体となった「永遠の今」としての「絶対現在」の「開け」である。

　西田の哲学は「自覚の哲学」と言えるが、この自覚は、西田の「絶対無の場所」における「自己の自覚」と「世界の自覚」との主―客―未分離の次元での「純粋経験」における根源的な「一」から成り立っている。

　ところで、「一」とは、西田哲学においては世界とか全体としての立場が「一」であり、他の数人の老師方においては個々の個に成り立っている普遍の立場が「一」で、その集合したものとしての世界あるいは全体が多であると理解されている。しかしながらこれら両者の立場は共に正しいと言わねばならないであろう。というのも、筆者では、「一」という概念でもって、荘子の著書『荘子』の内篇、応帝王篇に出てくる、『荘子』全体の結語としての「混沌七竅に死す」という寓話に出てくる支配者の渾沌の国の混沌あるいは混沌その人のことが考えられているからである。何故ならば、混沌さんの内では一と多は混沌の中で渾然一体となっていて、混沌さん自身は一でもあり多でもあり、そのような一と多との相即性のうちでこそ混沌さんの創造性は働いていたと考えられるからである。

さて、自覚の叙述に際しては、自己の自覚から発生論的に叙述して行くのが自覚に最もふさわしい叙述の仕方である。しかし、「自己の自覚」は、本来的には「世界の自覚」と一つに成り立っているのであるから、「自己の自覚」は根源的には「世界の自覚」によって成り立っている。けれども『西田幾多郎全集』の第七巻後半あたりで、「自己の自覚」が逆の方向へと転換して「世界の自覚」が究明されるに至る場合には、そこには常に「自己の自覚」が含められている。つまり、自覚の叙述に際しては、人間の個の自己における自己の自覚が先ず発生論的、時間論的に語られ始める。しかし、「自己の自覚」と「世界の自覚」とは、事柄としては、また出来事としては、常に同時的に、時間的・空間的、かつ根源的に成り立っている。西田では、そのような、自己の自覚と世界の自覚とが一であるような自覚において、しかも「絶対無の場所」において、換言すれば、絶対に「矛盾的自己同一的な絶対現在」において、これまでの西欧の主流の形而上学としての哲学における生まれながらの理性を土台とした自我としての個と普遍と、真の自己と世界との「一」ないし「異同」が究められようとしている。何故ならば、自己の自覚と世界の自覚との「一」は、正に「絶対無の場所」において可能であるからである。というのも、西田哲学での「絶対無」は、これらの両極である世界と自己、あるいは普遍の立場と個の立場との絶対の否定性を意味し、西田哲学での「場所」は、絶対現在としての「永遠の今」において、無実体的に万物が相互に連関し、働き合い、浸透し合い、映し合っている力動的なあり方そのものを意味しているからである。

西田における、以上において論究してきたような出発点は、古代ギリシアの哲学者プラトン以来ヘーゲルに至る西欧の伝統的な形而上学としての主流の哲学における、個が等閑視され、身体的なものが最後的には捨象されてしまうような哲学のあり方に対決していると言える。つまり、主―客―分離の対象論理によって基礎づけられたアリストテレス以来の主語論理の形而上学としての哲学を、心身一如にして更に身心一如のいわば「生の哲学」へと深め、形而上学としてのそれまでの西欧の主流の哲学を超脱し、いわば底なき底へと超脱したという意味でのメタ・メタフィジック（脱・形而上学）の領域を開示したと言えよう。

2、田辺哲学の出発点

　田辺元は、社会的存在についての主客分離の客観的、分析的な学問的な探求から始めた。田辺にとって、哲学的探求の対象は、歴史の基体と理解された。実体的な、絶対合理主義の絶対媒介の哲学としての種の段階にある社会存在（国家、民族、グループ等々）の「種の論理」を核心とした哲学であつた。それは、後に修正されて、社会存在は、類と個の自己疎外態として、また同時に、類と個の分離や対立の媒介として理解し直され、疎外態の「種」を介して最後的には個と類の「一」が究められようとする。つまり、田辺は、西田の哲学には「個と類」の一が絶対無の場所の論理で究明されようとしてはいるが、そこでは、媒介の論理としての「種の論理」が欠けていると批判し、『種の論理の弁証法』（一九四七年）を説く。『種の論理の弁証法』においては、西田の直観による自我を離脱する転換が、無媒介であるために、絶対有の発出論的論理に陥っていると述べている。田辺は、そのような転換は、田辺自らの立場である理性の二律背反のいわば「七花八裂の死復活」(5)を媒介としなければ不可能であるとし、絶対無の絶対媒介の弁証法を主張する。(6)しかし、ここでは西田哲学と田辺哲学における「絶対無」の概念内容の相違性に注意が払われなければならない。つまり、西田と田辺における「絶対無」は、自らの立場の絶対否定を意味する点で相違はしていないが、前者の西田の絶対無は、その否定性によって他の一切の立場（相対有、相対無、絶対有、虚無のそれぞれの立場。これらの立場はそれぞれ順に、唯物論的立場、キェルケゴール的実存の立場、中世のキリスト教に代表されるような絶対有の神や理念の立場、ニーチェに代表されるようなニヒリズムの立場として示されることができる）を、力動的に、絶対無の自らの立場の否定によってほとばしり出てくる愛や慈悲によって支えるところの、絶対の転換そのものを可能にする絶対媒介の役割を果たしている。つまり、西田での絶対無は、絶対無自体が媒介である、いわば「無媒介の媒介」であるような、絶対無自体による「弁証法」と言える。

これに対して、田辺における「絶対無」は、田辺の用語「絶対無即愛」[7]（あるいは「無即愛」[8]）が示しているように、絶対無としての無ないし愛が、実存的に実体化されている傾向があり、西田における「働きそのもの」としての絶対無ないし、そのような働きから湧き出、迸り出てくる働きとしての愛の側面が稀薄であると言えよう。つまり、田辺の「種の論理」では、種に属する媒介としての社会存在（国家、民族、グループ等）の媒介性とその懺悔という一方のあり方と、「絶対無としての神即愛」という他方のあり方とは、いわば前者即ち種の側の行為と実存的行為としてのその懺悔とが媒介となって、後者即ち絶対無としての神即愛が成就されるという関係になっている。この場合には、悪や罪等の社会存在における媒介そのものも、修正されたにも拘わらず実体化される傾向が生じてくる。しかし、西田哲学では、絶対の否定性としての「絶対無」（＝開け）自体が、人間の自らの自我からの離脱する転換の媒介なのである。

西田哲学では人間の側の悪や罪やその懺悔という相対無の立場での媒介が媒介として働いているという意味での「絶対媒介」ではなく、絶対無の媒介による無媒介の媒介が働いている。しかし、この場合に注意されるべき点は、西田の場所の論理には、文化や言語、伝統等による「表現」の立場が、「種」の立場として包摂されていることである。

3、西谷哲学の出発点

西谷哲学の出発点は、既に京都帝国大学での卒業論文の一部である「シェリングの同一哲学と意志——実在的なるものと観念的なるもの——」[9]や西谷の唯一の翻訳書でもある二十七歳でのシェリングの自由意志論の翻訳、更には三十八歳での論文「ニイチェのツァラツストラとマイスター・エックハルト」[10]に見られる。最初の卒業論文の一部である論文では、プラトン以来の理念的・観念論的な一方のものの考え方と、実在的、現実的、経験的な他方のものの考え方との根源的な「一」の考え方が、悪の問題を通して、シェリングにおいて論究されている。これは、西田哲学での「絶対無の場所」を前提とし、更にそこへは直接には突破し得ない田辺哲学で中心となった悪や罪の問題を踏まえたものと言える。第二のシェリングの自由意志論の翻訳では、シェリングの「人間的自由の本質」を通して人間における悪の問題が考察され、田辺の「種の論理」で媒介となっている悪の問題が考察され、更にはこの「種の論理」の立場も突破されている。というのも、ニーチェのニヒリズムにおける人間の虚無の中での生のあり方が考え抜かれて行くからである。そして、ニーチェにおけるような「虚無」の立場の克服は、西谷啓治著『ニヒリズム』[11]（一九四九年、一九七二年）の最後に「大乗仏教のうちには、ニヒリズムを超克したニヒリズムすらもが至らんとして未だ至り得ないような立場が含まれているのである」[12]と理解され、それに続けて書かれているような大乗仏教の立場を、ヨーロッパのニヒリズムや私たちがヨーロッパ化して至り着くところを先取りして、ニヒリズムの克服による「真の自己」が西谷の生涯を通じて究明され続けて行くのである。

以上のように、西谷哲学の出発点では、哲学以前の実存的にして同時に実存論的な悪や自由やニヒリズムのいわば田辺の「種の論理」が媒介となった問題と、実在論と観念論の「一」が可能となる西田の「絶対無の場所の論理」とが、つまり、西田の、人間の行的な根本経験を介した大乗仏教的な哲学の問題を通して、ニヒリズムを克服して行く過程とが、既に整えられているように見えるのである。

二　三宗教哲学者の独自の哲学の形成過程の特徴

1、西田哲学の形成過程の特徴

西田哲学においては、経験によって個が目覚め、その逆ではない。「純粋経験」においては、一切の両極的に対立するものや事柄は、根源的には「一」であることが経験される。しかも、それが可能なのは、「絶対無の場所」においてであることが究明される。「場所」の考えに至るまでには、『善の研究』(13)の一九二六年の序に書かれているように、「純粋経験」は、「自覚における直観と反省」(14)においてフィヒテの事行(Tathandlung)を介して絶対意志の立場へと進み、更に「働くものから見るものへ」(15)の後半でプラトンの『ティマイオス』のトポス(topos)にヒントを得て、西田独自の「場所」の考えに至っている。更に「場所」の考えは、「弁証法的一般者」として具体化され、後者は「行為的直観」の立場として直接化された。そして、純粋経験は、歴史的実存の世界と考えられるに至り、最終的にはポイエーシス（＝ものを創造的に作ること）の世界と理解される。

以上のような過程の途上においては、先にも述べたように、自覚のあり方は、「自己の自覚」から「世界の自覚」へと転換し、最終的には、「世界の自覚」は前者の「自己の自覚」を包摂することが明らかにされる。そこでは、西欧のデカルト、カント、ヘーゲル、そしてハイデガーとの対決が見られる。また逆に、アウグスティヌスやキェルケゴールへの共感が見られる。

2、田辺哲学の形成過程の特徴

「社会存在の論理」としての田辺の無実体的な絶対媒介の「種の論理」[16]が形成され、更に、媒介としての国家、民族、教会、寺院、各種グループ等がいわば実体化（種的基体化）され[17]、遂には哲学自体が「哲学とは何か」を反省する哲学自らの反省結果として哲学そのものが『懺悔道としての哲学』[18]（一九四七年）へと転換して行く。この事実は、田辺によって既に『田辺元全集』第六巻に次のように記されている。

「……論理は弁証法において歴史の論理でなければならぬ。それと同時に弁証法自身が歴史的即永遠的静の絶対媒介行に転じなければならぬ[19]」と。

そして、種の論理が修正された『田辺元全集』第七巻第六論文「種の論理の弁証法」[20]では、「種」の特殊性は、類と個の自己疎外と理解し直され、同時に類と個の分離対立から一への転換への媒介となることが示されている。[21]既にこの少し前の箇所で弁証法における相対無の絶対媒介性とその懺悔の媒介が詳論された後、田辺は、彼の死後公刊された「生の存在学か死の弁証法か」(一九六二年発表)を一九五八年に七十三歳で執筆している。そこでは、一切の哲学の成立の立場と方法が無力化して、そこに生まれ出る新しい哲学としての「懺悔道」としての「無の行」[22]の哲学が樹立されるに至る。そして、「生の存在学か死の弁証法か」[23]では、生の存在学が二律背反の袋小路に陥るのに対して、「死の弁証法」では、主観的観念論には止まらずに同時に観念実在論的な死復活で自覚される「絶対無即愛」に生きる実存者が主張される。そして、究極的には分析論の絶対否定としての弁証法が主張され、菩薩道の死復活的弁証法やキリスト教の愛が強調される。

以上の田辺の「死の弁証法」では、カント、キェルケゴール、ヘーゲルとの対決ばかりではなく、ハイデガーの存在論やブルトマン(Rudolf Karl Bultmann, 1884-1976)の終末論との対決が見られる。

3、西谷哲学の形成過程の特徴

西谷哲学の出発点における「観念論と実在論との一」は、既に西田の「絶対無の場所」を前提していると理解されることは、先に述べた。その後の論文「ニイチェのツァラツストラとマイスター・エックハルト」における「生の根源性」の究明では、「神の創造以前の処、神の有すらの彼方である」[24]とするところのエックハルトの生の根源性としての「神性の無」や「根底なき根底」での自由や、生の深淵を表示する「神の死」に生きるニーチェの「生」の根源性である「神なき者」の立つ虚無が、そしてその後の西谷哲学の核心となるニヒリズムと大乗仏教によるその克服の究明が予感されるのである。エックハルトもニーチェも西谷においては「根源的主体性」の「自覚」の立場と理解されているが、「根源的主体性」の自覚の問題は、超越者としての人格的な神に頼らない「底なき底」とも言える「虚無」の内に漂う人間の生の根源性を明らかにすることでもある。

先にも触れたように、西谷は虚無に生き抜くことによって虚無を克服しようとしたニーチェのニヒリズムの克服を超脱して、大乗仏教によってニヒリズムを克服しようとした。この事実は、『宗教とは何か』（一九六一年）に見られる。この著書ではキリスト教に対する批判も見られるが、大乗仏教の「空」の概念が理解し直されて、西谷哲学特有の「空」の宗教哲学が展開されている。その後、「禅の立場」（一九八五年）[25]や『寒山詩』（一九七四年、一九八六年）[26]で大乗仏教を基礎とした「空の宗教哲学」は深められるが、一九八二年の論文「空と即」[27]では、西谷宗教哲学の最終的境涯である「一即零、零即多、そしてその二つの即の相即」[28]の立場へ到る。西谷哲学の形成に大きな転換をもたらしたのはニーチェのニヒリズムであるが、『ニヒリズム』ではニーチェと対決し、『宗教とは何か』ではハイデガーと対決し、論文「般若と理性」（一九七九年）ではヘーゲルと対決している。

以上の西谷哲学の簡単な形成過程を見ると、「成った、成りつ、ある仏教徒」のみのように理解されるが、西谷自身が同時に「成りつ、あるキリスト者」でもあると語っている事実からは、西田の場所の哲学と同様、西谷の「空の哲学」もキリスト教と仏教の根源から考察されていると言えよう。しかし、華厳宗の「四（種）法界」の用語を借りれば、西田は「理事無礙」の立場で哲学し、西谷は「空」を生きる立場としての事事無礙の立場をどこまでも宗教哲学的に明らかにしようとしていると言えよう。(29)

西谷宗教哲学に独特な事柄としては、ニヒリズムの超克の問題が究明されていることである。しかし、この究明は、田辺哲学における「社会存在の論理」としての「種の論理」を継承していると理解されることも可能である。何故ならば、ティリッヒ（Paul Johannes Tillich, 1886-1965）が『組織神学』の中で、父、子、霊、神の国に対して、順次、「存在」（Sein）、「実存」（Existenz）、「生」（Leben）そして歴史を対応させているのと類似して、西谷は人間を、「自我」から「実存」へ、「実存」から「生」（虚無的個）の立場へ、「生」（虚無的個）の立場から「真の自己」へと、『宗教とは何か』の中で理解しているからである。つまり、人間の自覚の段階である、人間の個の側の、「自我」「実存」「生」を媒介として、万物に通底する真の自己が自覚されるようにとの「己事究明」に徹頭徹尾携わっているからである。この点で、西谷はいわば「己事究明の現象学」を展開していると理解され得る。したがって西谷哲学は、西田の身心一如の超・形而上学（Meta-metaphysik）を底に更に抜け、田辺の「哲学の哲学」としての「懺悔道としての哲学」をも突破した「己事究明の現象学」における「如」とか「真如」の事事無礙の宗教哲学を展開しているとも言えるのである。

三　西田・田辺・西谷哲学の到達点

1、西田哲学の到達点

プラトン以来ヘーゲルに至るまでの西欧の主流の形而上学としての哲学を西田は克服して、それらを根底から包摂し得る、身心一体のいわば超・形而上学とも言える、「絶対無の場所」における「自己の自覚」と「世界の自覚」とから成り立つ「自覚の哲学」を樹立した。彼の所謂「純粋経験」における「天地と我と同根、万物と我と一体」という、我と森羅万象との「一」である経験から、我をも含めた森羅万象に通底する自己が自覚され、「我と汝」が「一」である関係や、我と彼（彼女）との「一」である関係を経て、我と世界の「一」の世界へと開かれた西田哲学は、歴史的実在の世界としての「ポイエーシス」（＝ものを創造的に作ること）の世界に到った。このような西田哲学の功績は、「絶対無の場所」が創唱され、更にそこでの「自己と世界」の根源的に「一」である世界が露わに究明されたことである。ここでこそ、森羅万象に通底している自己と、「絶対無の場所」が「弁証法的一般者」としての世界へと具体化した「歴史的実在」の世界は、作られたものでありながら同時に自由にものを創造的に作り、しかも、過去と現在と未来が現在において同時存在的である[30]「行為的直観」の世界に生き得るのである。

2、田辺哲学の到達点

田辺は、生まれながらの理性に基づく哲学そのもの自体が、「種の論理」を介して懺悔をして転換するような「懺悔道としての哲学」を樹立した。つまり、「生の存在学」を「死の弁証法」へと転換させて、哲学そのものの死復活を実現させた。生まれながらの理性の基礎の上での哲学から、理性そのものの死復活によって「死の弁証法」が生まれた。この事実こそ、哲学においても死復活が成就されなければならないことを示す、田辺以前には明確には実現し得なかった、田辺哲学の最大の功績である。田辺は、自らを「成りつ、あるキリスト者」と理解しているが[31]、哲学そのものの死復活がそこで可能となるところまで生き抜いた田辺では、「哲学とは何か」の神髄が開き示されたと理解され得るのである。利己的な愛が、愛の神髄において自らにくずおれて神的愛としてのアガペーに転じ、悟性はその神髄において自らにくずおれて信仰へと転ずるように、理性的哲学はその展開の極みにおいて自らにくずおれ、「懺悔道としての哲学」に転ぜざるを得ないことが示されたのである。しかも、田辺自らが事実そのような懺悔道としての哲学に永久に止まり、決して「成ったキリスト者」であることはないと語っている[32]。つまり、そのような「懺悔道としての哲学」が真の哲学であり、「懺悔道としての哲学」で哲学する者こそが真の哲学者であることが、ここで示されているのである。

3、西谷哲学の到達点

西谷宗教哲学では、西田（宗教）哲学における「絶対無の場所」の論理を当然の前提とし、田辺（宗教）哲学における修正を経た「種の論理」の絶対媒介から然る仕方で生まれてきた「懺悔道としての哲学」が継承されている。しかしながら、西田の「絶対無の場所の論理」と田辺の「種の論理」とが、西谷の宗教哲学においては共に継承されている。即ち、西田の「絶対無の場所の論理」は、西谷哲学に独特の「如」ないし「真如」[33]、あるいは「自体」を要とする「空」の論理へと展開され、更には先に挙げた「一即零、零即多、そしてその二つの即の相即」[34]という新たな論理が生み出されている。また、田辺の絶対媒介の「種の論理」から新たに生まれ出てきた「懺悔道としての哲学」は、先ず「種の論理」については、先に述べたように、人間の個の「自我」「実存」、虚無的個としての「生」というあり方を媒介として「真の自己」を究明する道程において、明らかに継承されていることが分かる。更に田辺の「懺悔道としての哲学」は、西谷宗教哲学においては、哲学が真の哲学に生まれ変わったところの「宗教哲学」と理解されている。つまり、死復活を経て生まれ変わった「懺悔道としての哲学」が真の哲学（＝宗教哲学）であり、この哲学において哲学する者こそが、本来の哲学者であると理解されている。しかも、西谷哲学で絶対媒介となっている虚無の生やニヒリズムにおける諸問題は、本章で論究している三人の宗教哲学者のうちでは西谷ただ一人において根源的に究明されている。

更にもう一点、西谷宗教哲学について是非とも論究されておかなければならない問題がある。それは、西田哲学には「哲学とは何か」という、「哲学の哲学」が欠けているという西谷の西田に対する批判についての内実である。

さて、十七世紀に始まる近代の、客観化、対象化、抽象化、記号化等によって発展してきている科学・技術の第三人称的世界から結果してきている世界的規模でのニヒリズムの問題は、是非とも究明されなければならない問題であると西谷によって受けとめられている。科学・技術の、それもハイデガーが指摘する所謂「組み立て」(Ge-stell)や合理的計算を要とする科学・技術から帰結してくるニヒリズムの問題は、西田哲学や田辺哲学では中心的な哲学の問題とはなっていない。しかし、西谷哲学においては、それは中心的な問題となっている。十九世紀後半以来の世界的規模でのニヒリズムの問題は、ハイデガーの指摘する「有そのもの」(das Sein selbst)が忘却されて、伝統的な西欧のプラトン以来の主流の形而上学は「有そのもの」の忘却の歴史となっていることから帰結してくる命運(Geschick)としてのニヒリズムと、十七世紀以来の科学・技術から結果してきているニヒリズムとは渾然一体となって、現代の人々を虚無に陥れている。このニヒリズムの問題の解決が、西谷宗教哲学の核心的な問題となっている。

古代ギリシアの哲学以来、哲学の思索の事柄となってきた「自然」「人間」「超越の次元(神仏や神々の世界)」は、古代では、先ず自然哲学が、次いで古代後半期では人間中心の哲学が、そして中世には超越の次元が、他の二領域をそれぞれ統一的に思索してきた。しかし、既に十二世紀に始まるイタリアのルネッサンスによるヒューマニズムでは「人間」の次元の独立が見られ始め、十五世紀あたりから始まる宗教改革により神々や神の世界の他の二領域からの分裂、更には十七世紀に決定的となる対象的、客観的、第三人称的世界としての科学・技術の自律化による、先にも触れたハイデガーの指摘する所謂「組み立て」（Ge-stell）や計算に支配される自然の領域が、他の二領域（「人間」の世界と「超越の次元」）から分裂し、それら二領域が等閑視され、近世はその歩みを徹底的に進めて、その結果、近代における種々様々な問題を生み出してしまった。それらの内で最も大きな問題の一つがニヒリズムの問題である。

自然、人間、超越の次元の三領域の思索の事柄の分裂で始まった近世は、その分裂の徹底化によって進んだ単なる合理性、組み立て、計算、人間性を失った第三人称的世界という近代の安易には解決され難い問題を生み出した。それらの諸問題のうちでも最も解決困難な問題は、その近代的な、ただ単に合理的で計算ずくめの科学・技術から世界的規模で生じてきたニヒリズムの問題である。このニヒリズムの問題は、ハイデガーが指摘するように、ヨーロッパのプラトン以来の主流の形而上学としての哲学が約二千五百年間忘却してきた「有そのもの」（das Sein selbst）が隠れるという仕方で自らを露わにしてきた命運（Geschick）としてのニヒリズムと渾然一体化しているニヒリズムである。「有そのもの」は没命運的（geschicklos）であるが、近代科学・技術から結果してくる虚無主義は、「有そのもの」を忘却した伝統的な形而上学の命運

(Geschick) である。しかも、命運としてのニヒリズムは、同時に、人間の個における自然と人間性と超越性との分裂によるものである。ニヒリズムとは、ニーチェにおいて典型的に見られるように、伝統的に生き続けてきた神や神々という超越的な絶対者の死ないしは消滅によって生じてきた、人生の無意味化、無目的化、無意義化であると同時にこれまでの伝統的に重視されてきた価値の転倒を意味する。その原因は、先の三領域の各領域の独立、自律によって、身体が等閑視され、知性や知性によって基礎づけられた理念や観念のみが偏重され、情意が軽視されてきたことにある。「有そのもの」においては、知情意は、西田の「純粋経験」においてと同様に、未分離である。このように考えてくると、近代以来の科学・技術によって生じてくるニヒリズムの問題は、ハイデガーの用語に従えば、没命運的 (geschicklos) な「有そのもの」へと遡及することによって、あるいは西田の「純粋経験」やポイエーシスの世界が成り立つ「絶対無の場所」に身心一如に生きることに、解決され得る一つの道が見出されると考えられるのである。

しかしながら、ハイデガーや西田においては近代の科学・技術から生じてくるニヒリズムの問題は解決される方向や方法は明確には打ち出されていない。打ち出されていないというばかりではなく、未解決のままに放置されたままであると言っても過言ではない。というのも、ハイデガーにおいては、自然科学・技術の問題には「知的暴力」が含まれていることを指摘しながら、この「知的暴力」を統御する方向や方法が具体的な明確な仕方では示されていないからである。

また後者の西田においても、近代から現代に至る科学・技術の問題は悟性の段階内で考察されており、西田では広義の理性である悟性に含まれているものが悪魔的なものでもあることが指摘はされるが、それを統御する方向も方法も明確には示されていない。ハイデガーも西田も近代以来の科学・技術から生じてくる知的暴力や悪魔的なものの解決の考察をしていず、西田はポイエーシスの世界を、ハイデガーは「有そのもの」の世界への遡及と「有そのもの」からの思索や詩作を、考察するに留まっている。

これに対して、西谷哲学は、「己事究明の現象学」を提唱していると考えられるのである。西谷が西田哲学には「哲学とは何か」という「哲学の哲学」がないという批判には、もし西田が「哲学とは何か」を考えて「哲学の哲学」を思索したならば、西田は当然、近代科学・技術から生じてきたニヒリズムの問題を等閑視することはなかったであろうし、近代科学・技術以来の悟性に含まれている悪魔的なものを未解決のままに放置することもなかった筈であるという批判が含まれていると考えられるのである。

十九世紀中頃から後半以来露わとなってきたニヒリズムは、「哲学とは何か」という「哲学の哲学」が問題として究明しなければならない問題であると西谷は考えていると理解され得るのである。「哲学とは何か」という「哲学の哲学」が問題となる限り、近代の科学・技術がもたらしたニヒリズムの問題も究明されなければならないことは、自明的である。西谷哲学においては、「哲学とは何か」を思索する「哲学の哲学」は、生まれながらの理性が挫折して、道元の『正法眼蔵』に出てくるような身心一如の「非思量の思量」でニヒリズムの諸問題を思索する「己事究明の現象学」となっている。十七世紀以来の近代の科学・技術によって徹底化し、更にハイデガーの語る「有そのもの」の忘却による命運としてのニヒリズムと渾然一体化したニヒリズムから生じてきている種々様々な現代における諸問題は、西谷哲学によって提唱されている「己事究明の現象学」によって解決の一つの方向と一つの方法が示されていると言える。西谷の「己事究明の現象学」は、究極的には「如」や「真如」あるいは「自体」の立場に至ることもあり得よう。しかし、人間はこの世に生きている限り、「自我」「実存」、虚無的な「生」そして「真の自己」という「己事究明の現象学」の諸段階を、行きつ戻りつしながら生き抜き、究明し続けなければならないものとして示されていると考えられるのである。無論、キェルケゴールの言う永遠のアトムとしての瞬間においては、「真の自己」の自覚は可能である。しかし、この世の時間や歴史を生きる人間でもある限り、人間の個は、「己事究明の現象学」の諸段階を限りなく循環しながら生き、かつこの現象学を探求し続けないならば、生まれながらの理性による単なる哲学は、徒労に帰し、ニヒリズムの克服は不可能であろう。現代の深刻な問題としてのニヒリズムとの対決は、西谷の「空の論理」に包摂されている「己事究明の現象学」において初めて可能である。そしてこの「己事究明の現象学」こそが、西谷宗教哲学の、「哲学の哲学」から生まれてくる「哲学の転換」という貢献であると考えられるのである。

以上の論述から、本章で扱われた西田、田辺、西谷によって代表される京都学派の哲学は、先ず西田による実体や実体化した自我の立場を絶対的に否定する「絶対無の場所」の論理に基礎づけられた「絶対無の哲学」と、田辺の絶対媒介の「種の論理」によって自我や実存の死復活によって自ら新たに生まれ出てくる「懺悔道としての哲学」と、田辺の用語に従えば絶対媒介となる「虚無」(nihil) を超克する西谷の「如（ないしは真如）」の宗教哲学とによって特徴づけられる。ここで特徴的なことは、田辺と西谷の宗教哲学においては、生まれながらの理性を土台とした哲学の否定が語られることである。生まれながらの理性を土台とした、古代ギリシアのプラトン以来ヘーゲルに至る伝統的な主流の、形而上学としての哲学から「懺悔道としての哲学」によって実存の立場を超脱した田辺哲学によって「懺悔道としての哲学」が田辺における真の哲学である宗教哲学として示された。次いでそのような真の哲学としての宗教哲学は、道元の宗教哲学をヒントとして、西谷において「如」ないし「真如」の宗教哲学に至っている。西田哲学においては、先ず生まれながらの自我の死復活を経た、全く新たな宗教哲学としての哲学が、絶対無の場所によって開かれたことは、既に先にも述べた。

右に述べたように、西田の宗教哲学あっての田辺哲学である。というのも、田辺の「懺悔道としての哲学」は、田辺において意識されているか否かに拘わらず、田辺の「種の論理」の究極の到達点として潜在的に西田によって開示されていたと言えるからである。また、西田の「絶対無の哲学」と田辺の絶対媒介の論理としての「種の論理」とを前提として初めて西谷宗教哲学が生まれ得たと言える。というのも、「絶対無の場所」の論理があって初めて「空の論理」（ないし「如」あるいは「真如」）の宗教哲学が生まれ得たのであり、田辺の「種の論理」から生まれ出た新たな「懺悔道としての哲学」があって初めてニヒリズムの超克を可能にする「一即零、零即多、そしてその二つの即の相即」という「真如」ないし「自体」[35]の論理が生まれ得たからである。しかも、「真如」ないし「自体」の論理においては、ここでは詳論できないが、西田、田辺の宗教哲学においてはいわば等閑視されていた「自然」が、自然科学的自然の意味でも、文学的自然の意味でも、更に「真如」のあるがままの「自然」の意味でも包摂されていることが特記されなければならない。

最後に、実体的な哲学との関係について補足すれば、古代ギリシア哲学以来ハイデガーに至る西欧の伝統的な主流の形而上学としての哲学は、相対有、相対無、絶対有あるいは虚無のいずれかを思考の場や枠組としてのパラダイムとしてきた。しかし、西田によって創唱された思索の場や枠組であるところの「絶対無」のパラダイムは、自らの立場を絶対否定し得る唯一のパラダイムである。しかも、絶対無の自らの立場の「絶対の否定性」という本来の意味内容に従って、「絶対無」は、その否定性によって零に帰すると同時にその零も否定されて多が生じてくる、その否定の同時性から迸り(ほとばし)出てくる愛あるいは慈悲で他の四つのパラダイムでの立場を、支え、全く新たに生き返らせることができる。この意味において、「絶対無」のパラダイムは、現代の新儒教の実体の立場をも愛や慈悲によって支え、生き返らせることができると考えられるのである。現代の新儒教と京都学派の哲学は、共にこの現代の世界の中で対立することなく、助け合いながら共生して行くことができると考えられるのである。

註

（1）『西田幾多郎全集』第一〇巻、岩波書店、一九六五年、四一四〜四一五頁。
（2）西谷啓治著の『寒山詩』の解説は、『西谷啓治著作集』第一二巻（『寒山詩』）創文社、一九八七年に所収。これ以前には、『世界古典文学全集』第三六巻B、筑摩書房、一九七四年に所収。単行本としては一九八六年三月に筑摩書房から出版。
（3）『碧巌集』（一三〇〇年）は、雪竇が公案に頌した頌古百則に対して、円悟が垂示、著語、評唱を付したもの。
（4）『西田幾多郎全集』第六巻、一九六五年、一一六頁。
（5）『田辺元全集』第七巻、筑摩書房、一九六三年、三二四〜三二五頁。
（6）同右掲書、第七巻、三二四頁参照。
（7）同右掲書、第一〇巻、一九六三年、一一三頁。
（8）同右掲書、第一〇巻、一六五頁。
（9）『西谷啓治著作集』第二巻（『根源的主体性の哲学・続』）創文社、一九八七年に所収の論文。原題は、「das Reale と das Ideale―シェリングの同一哲学を中心として」。
（10）同右掲書、第一巻（『根源的主体性の哲学・正』）一九八六年に所収。
（11）同右掲書、第八巻（『ニヒリズム』）一九八六年に所収。

(12)同右掲書、第八巻、一八五頁。
(13)同右掲書、第一巻、六頁。
(14)同右掲書、第二巻所収。
(15)同右掲書、第五巻(『アリストテレス論考』)一九八七年に所収。
(16)『田辺元全集』第六巻、一九六三年に所収。
(17)「種の論理」の修正については、『田辺元全集』第六巻第六論文参照。
(18)同右掲書、第九巻、一九六三年に所収。
(19)同右掲書、第六巻第六論文「論理の社会存在論的構造」。
(20)同右掲書、第七巻所収の第六論文「種の論理の弁証法」は、この一年前の論文「種の論理の実践的構造」が改題されたものである。第七巻の第五論文と第六論文の間には五年に近い年月が存する。この間に種の論理が新しく考え直されていることが分かる。
(21)同右掲書、第七巻、三四九頁参照。
(22)『田辺元』(『現代日本思想大系』23)辻村公一編集・解説、筑摩書房、一九七五年、二五九頁下段。
(23)同右掲書、三六四~四一一頁。
(24)『西谷啓治著作集』第一巻、一九八六年、二四頁。
(25)同右掲書、第一一巻、一九八七年所収。
(26)同右掲書、第一二巻所収。
(27)同右掲書、第一三巻(『哲学論考』)一九八七年所収。
(28)同右掲書、第一三巻、一四四頁。

(29)『西田幾多郎全集』第一〇巻、四一四〜四一五頁参照。
(30) 同右掲書、第八巻、一九六五年、八六頁参照。
(31)『田辺元全集』第一〇巻、二六〇頁。
(32) 同右掲書、第一〇巻、二六〇頁。
(33)『西谷啓治著作集』第一〇巻（『宗教とは何か』）一九八七年、一五七頁。
(34) 註28を参照。
(35)「如」ないし「真如」の宗教哲学は、西谷啓治著『宗教とは何か』においてのみならず、『西谷啓治著作集』第一三巻所収の論文「空と即」に、「一即零、零即多、そしてその二つの即の相即」を中心に詳論されている。

第四章 「絶対無の哲学」とその展開・未来
――西田・田辺・西谷・ホワイトヘッドの哲学から――

はじめに

「絶対無の哲学」は、周知のように、西田幾多郎（一八七〇～一九四五）によって初めて提唱された。その後「絶対無の哲学」は、田辺元（一八八五～一九六二）によって、修正された「種の論理」としての「社会存在の論理」によって補強された。「絶対無の哲学」においても、無論「種」は「形」として、形は「表現」との関係のうちで、類と種と個の問題が、論究されてはいる。しかし、田辺哲学において「種」が普遍と個との立場の疎外から、また、同時に普遍と個を結合する立場として、「種」の「社会存在の論理」が明確に提唱されることにより、「絶対無の哲学」は、普遍と個との「一」の究明のみならず、種の立場をも顕著な仕方で包摂することになった。さらに、田辺哲学では哲学の質的転換としての「懺悔道としての哲学」（Philosophy as Metanoetics）が行ぜられている。さらに、「理事無礙」の「絶対無の哲学」は、西谷啓治（一九〇〇～一九九〇）の「空の哲学」によって、各個が真剣に「生きる」ことにより明確となる各個の「己事究明」の立場から、

「理事無礙」[1]の立場の西田哲学を超脱して、「事事無礙」[2]の立場の哲学へと深められている。

以上の西田・田辺・西谷の順次、「絶対無の哲学」「懺悔道としての哲学」「空の哲学」によって展開された「絶対無の哲学」は、一つの道として、ホワイトヘッド（一八六一～一九四七）の「有機体の哲学」における「合生」(concrescence, Konkretisierung) において展開されていると理解され得る。彼の哲学の課題は、宇宙論の表現 (*PR* 128)、人類の宗教経験の解釈の獲得 (*PR* 167)、経験の解明 (*PR* 208) であったことからも明らかなように、理系と文系の区別や類・種・個の区別をも超脱して、それらの区別の根源である「絶対無」と同一視できるような無実体的な場 (chora) からの、「成す」から「成る」へ、「成る」から「在る」へと進む「合生」において、宗教哲学的な探求が進められている。西田・田辺・西谷においては、現実のレベルでの「在る」から「成す」へ、「成す」から「成る」へと、世界と各個との「一」への救済への道が進められるが、この道は「いのち」のある限り瞬時瞬時に循環的に無限に続くので、どこから始めても、詳論はここではできないが、同一の道であると理解されるのである。

西田・田辺・西谷・ホワイトヘッドの哲学は、その共通点として、核心に宗教があり、宗教の説明・反省という哲学の視点における宗教哲学となっていることが、先ず前提として挙げられる。これらの哲学は洋の東西を超脱して当て嵌まる次元からの宗教哲学である。この次元は、無実体的な開けとしての「絶対無」の開けである。以下においては、これらの四人の宗教哲学者が二十一世紀初頭の現代の時代状況においてどのような意味や意義を持ち、さらにどのような展開が求められ、探求されるべきであるかについて論究が進められる。

上に挙げた四宗教哲学者（西田・田辺・西谷・ホワイトヘッド）それぞれの哲学の、今世紀における重要性と補足すべき問題点が幾分なりとも明らかになることが望まれる。というのも、第二次世界大戦以降の原水爆の実験並びにアメリカのスリーマイル島（一九七九年三月）、ソヴィエト連邦時代のチェルノブイリ（一九八六年四月）、日本の福島（二〇一一年三月）における原子力発電所の大きな事故により、地球上の放射性汚染物の種々の遺伝子への悪影響や、その廃棄物処理法、廃棄場所の不完全さが、また、自動車の排気ガスや冷暖房利用の増加による二酸化炭素の増大、工場排水の不法廃棄等々による地球環境の悪化、特に地球上の異常気象や温暖化等々のいや増しに増す、これまでの方策では解決不可能な倫理的大きな地球規模での問題が、たとえ遅々とした歩みであろうとも、一つひとつゆっくりと世界や人間の心の基礎から考察され、解決への道が開かれねばならないと考えられるからである。さらには、既成の諸宗教の様々な特殊化、形骸化、堕落、相互差別視、相互蔑視等々から結果してきている様々な形でのテロ事件への、宗教的配慮、が必要である。またニーチェが科学もまた「一種の信仰でしかあり得ない」と看破したように、文系、理系の区別を超えた両者の根源からの思考法が、今世紀以降は是非とも必要であると考えられるからである。

西田の『善の研究』以来の、「主語論理」や「実体的な思考法」が基礎となっていた古代ギリシア以来の「古典哲学」が超脱され、「絶対無の場所」（一九二六年）が基礎となった「述語的論理」や「非実体的思考法」が基礎となった「絶対無の哲学」が提唱される前後には、ニュートン力学に至るまでの古典力学が超脱され、カントまでの時・空を絶対的とする考え方（Denkweise）を脱却した新しい理論が物理学において提唱された。例えば、その頃には、アインシュタイン（Albert Einstein, 1879-1955）の相対性理論（特殊相対性理論〈一九〇五年〉、一般相対性理論〈一九一五年〉）、ボーア（Niels Henrik David Bohr, 1885-1962）の「量子力学」の成立の基礎の構築（原子構造のボーア・モデル〈一九一三年〉、「相補性」の考え〈一九二七年〉）、ハイゼンベルク（Werner Heisenberg, 1901-1976）の「不確定性原理」（一九二七年）等の新しい理論が提唱された。が、これらの物理学における新しい考え方は、宗教哲学においても、それらに対応して、アリストテレス以来の形式論理である対象論理（「思惟の三原理」）やヘーゲル的な量的・客観的・実体的な思弁的論理に代わって、一切を非実体的に考える新しい考え方（Denkweise）が生じている。[3] 西田哲学においても、自らの哲学は、古典哲学や古典物理学の範囲内では理解不可能であることが明言されている。

一　「絶対無の哲学」の今世紀における必須性

「絶対無の哲学」においては、「包摂的パラダイム」と「場所的弁証法」としての「絶対否定的弁証法」の問題とは、「絶対無」において事実上通底しており、本来的には切り離して論究されることは不可能である。しかし、「絶対無の哲学」が明白となるために、強いて両者を切り離して考察が進められる。

1、包摂的パラダイムの提唱

古代ギリシアのソクラテス以前のミレトス学派（タレス、アナクシマンドロス、アナクシメネス）の自然哲学以来ヘーゲル（Georg Wilhelm Friedrich Hegel, 1770-1831）に至るまでの形而上学としての主流の哲学における思惟は、五つのパラダイム（①相対有、②相対無、③絶対有、④生、⑤虚無）から成り立っていた。ここで語る「パラダイム」では、生活、文化、思考、思想等々がそこで成り立つ基盤ないし枠組みが意味されている。

先ず、この世の時と共に朽ち果てる現象界の自然が哲学の思惟対象とされる古代前半期と、人間が思惟対象とされる古代後半期との、「相対有」のパラダイムが基礎となった哲学が始められた。次いで、中世のキリスト教神学に典型的に見られる「絶対有」の神が思惟のパラダイムとなった。しかし、「絶対有」のパラダイムでは、ヘーゲルにおいて典型的に見られるように、「論理学」に始まる絶対有の神が自発自転的に展開しての「自然哲学」、次いで「精神哲学」が成り立っていた。このような単に思弁的な哲学体系では、自由は神の自由しかなく、悪も善に奉仕する故に悪はないと考えられ、個は究極的には等閑視されている。しかし、キェルケゴール（Soeren Kierkegaard, 1813-1855）の実存思想に至り、退屈、不安、絶望等々の「相対無」が生活、文化、思索の基礎、枠組みとしてのパラダイムへと変化した。相対無のパラダイムからは、絶対有の神に戻るのでなければ、自らを支える絶対有の座は空虚となり、各個は支えなき自らの「生」(life)そのものに生きることになる。そこでは、各個の何らの支えもない「生」がパラダイムとなる。そこでは、やがて、ニーチェ(Friedrich Wilhelm Nietzsche, 1844-1900)が「神は死んだ」と語るように、「生」に代わって「虚無」がパラダイムとして露わとなり、個には生きる意味、意義、価値が見失われてしまう。

しかし、生や虚無のパラダイムにおいて、さらに個が自我や実存や生として生きている生存の仕方が、さらに「無我」である「真の自己」あるいは西谷哲学での「如」「真如」「自体」へと突破する「自我無化」へと、無念無想の道を歩み続けると、生活、文化、思索の基礎であるパラダイムは、生や虚無から「絶対の無限の開け」である「絶対無」の開けへと開けて行く。

西田哲学において、これまでの五つのパラダイムが包摂される「絶対無」のパラダイムが提唱されたのは、以下の根拠からであったと考えられる。第一に、ヘーゲルに至るまでの西欧の主流の伝統的な形而上学としての哲学が、永遠、普遍、不変な理念としての絶対的な実体である神が絶対視され、現実の世界における各個が等閑視され続けていたが、その神もニーチェによって「神の死」が語られた後は、世界は虚無に陥り、世界も個も立ち上がる道を見出し得ない状況にあった世情が根拠として挙げられる。ニヒリスティックな世界においては、哲学においても対象論理やヘーゲル的な論理はもはや妥当せず、相対性理論、量子理論、不確定性原理に対応可能な、「働き」が核心となっている「絶対無の哲学」が必須と考えられたという根拠から。第二に、世界と人間の各個とが同時にそのような窮境から救済される道が、西田においては大乗仏教の、先ずは禅仏教に見出されたからであると考えられる。というのも、西田においては、真の実在の根本的な在り方が、宗教的修練の「坐禅」の経験から「一なると共に多、多なると共に一、平等の中に区別、区別の中に平等[4]」に見出され、その経験が宗教的修練である坐禅に先ず見出され、「天地同根 万物一体[5]」の経験から、個が形成され、世界と各個の「一」が成り立つと考えられているからである。その結果、西田哲学においては、自ら語っているように、大乗仏教が換骨奪胎されて、哲学へと形成され続けたと考えられるからである。

2、場所的弁証法（＝絶対否定的弁証法）

西田哲学においては、「一即一切、一切即一[6]」が成り立つ場所としての開けにおいて、基礎的、原初的な世界が経験されている。そのような経験における「真の実在」の世界は、先ず「純粋経験」として表現されている。そして、「純粋経験が唯一の実在である」から全てが説明されようとしている。しかし、「純粋経験」の立場は、プラトンの著書『ティマイオス』の場（chora）がヒントになって「場所」の考えへと変転した（一九二六年）。さらに「場所」の考えは、「弁証法的一般者」として具体化され、後者の立場は、「行為的直観」の立場へと直接化された。「行為的直観」の立場は、色々に説明されているが、究極的には、過去・現在・未来が現在において「矛盾的自己同一的」に、つまり、過・現・未が現在において一なる「瞬間」ないしは「永遠の今」として同時的に（Bd. 8, 86）成り立っている時空を超えた開けの世界である。しかも、「絶対矛盾的自己同一的」に成り立っている世界は、一と多が逆限定的に成り立っている「一即多、多即一」の世界であり（Bd. 9, 217）、「絶対の否定即肯定、絶対の肯定即否定」（Bd. 8, 153）が成り立っている世界である。そして、この世界は「歴史的実在」の世界と考えられ、ここで初めて真のポイエーシス（poiesis 創造的にものを造ること）の世界が成り立つと考えられている。

西田哲学における「歴史的実在」の世界においては、「場所的弁証法」としての「絶対否定的弁証法」（Bd. 11, 417）が働いている。ヘーゲルに代表的に見られるような弁証法は、神である絶対理念が自発自転する量的、過程的、連続的、客観的、抽象的、そして思弁的に論理的な弁証法であった。さらに、ヘーゲルの弁証法といえば、抽象的な悟性の論理に対立する否定的で理性的な本体の学における弁証法が思い出され、正命題と反命題との止揚における総合命題が連想される。しかし、西田の「場所的弁証法」は、アリストテレス以来の形式論理（「思惟の三原理」）やヘーゲルの最終的な「思弁的論理」とは相違して、具体的経験に基礎づけられ、非連続的に、世界と個の主体との「一」における経験における、キェルケゴールが主張しているような質的、飛躍的、実存的な弁証法である。これは、絶対無の場所そのものが媒介となっている、いわば無媒介の媒介（mediation without medium）の弁証法である。

人間の個は、生活・文化・思考の領域では、普通には先ず、「判断的一般者」と呼ばれるアリストテレス以来の形式論理に、あるいは高々ヘーゲルの弁証法で生きている。しかし、思春期に至る頃には各個は、自らの利己的自我の悪や罪、あるいはその根源としての、カントの語る「根本悪」（radikales Böse）に気づき始め、自我を中心とした物事の考え方に疑いを抱き始める。その結果、遂には、「自己が自己において自己を見る」という西田が語る「自覚」に到達する。

しかも西田における「自覚」は、「世界が世界において世界を各々の個において見る」という「世界の自覚」をも包摂している。このような「自己と世界の自覚」が普遍的に妥当する世界は、個、種、世界が「自覚的一般者」に生きる立場であると、西田により特徴づけられている。

しかし、各個が、絶対無の場所（＝無限の絶対の開け）がこの現実の世界に具体化した「弁証法的一般者」の、「一」と「個」との「矛盾的自己同一」としての呼びかけである「行為的直観」に、何らの媒介物（media）がなくても直接的に生き得る場合には、各個においてその経験によって万物に通底している「真の自己」（＝無相の自己 formless self）が目覚め、その経験が語られ、表現されようとする。しかし、西田哲学における「表現的一般者」の立場は、大変複雑になっている。個の生きる立場が実在経験の表現の段階にあると理解される次元では、つまり各個が「表現的一般者」に生きる段階にある個は、一方では生まれながらの理性、つまりまだ生まれ変わっていない段階での理性に生きつつも、他方では、絶対無の場所が具体化した「弁証法的一般者」の立場やこれが直接化した「行為的直観」における「真実在」の経験が、同時に表現されようとしているからである。

このような「表現」の立場が生活の基礎として一般化している立場では、「真の自己」に目覚めようとする個の「目的的形成作用」と各個の実在経験によって「弁証法的一般者」である世界が表現されようとする世界の働きの「表現的形成作用」とが二重になっている。

さて、そこで、個の「目的的形成作用」と絶対無の場所が具体化し、さらにそれが直接化した「行為的直観」が働く「歴史的実在の世界」が表現される「表現的形成作用」との一致としての「一」は、どのように成り立つのであろうか。これら両者の「宗教哲学的自己同一」（＝西田の「絶対矛盾的自己同一」）において、「歴史的実在の世界」が、恣意的な自我の方向や個を無視した世界のみの全体主義的な方向にではなく、自らの本来的な進むべき道を進み行くことができるのは何故であろうか。個が自らの目的に向かって成長しようとして歩む「目的的形成作用」と世界が各個を通して世界が形成されるようにと世界の進むべき道である世界の「表現的形成作用」との「宗教哲学的自己同一」は、自覚においてではなく、経験を抽象化した構造上の――構造主義や構造機能主義とは切り離しての――用語で語られると、両者のそれぞれの立場の「二重否定」によって可能と考えられるからである。というのも、一方では、世界の「表現的形成作用」は、「絶対無の場所」が自らの立場の第一の否定によって具体化し、具体化した「弁証法的一般者」がさらに自らの第二の否定によって直接化して、「行為的直観」として、常に個の「今・ここ」において働いているからである。また他方では同時に、各個が自我の目的に向かって動機づけられた「目的的形成作用」は、世界の表現的形成作用によって、利己的な自我の立場が否定され（＝第一の否定）、さらにその否定された世界の立場における「行為的直観」において、利己的自我には死していた立場は、さらに否定されて（＝第二の否定）万物の個に通底する「真の自己」に生まれ変わり得るからである。そして双方の立場のそれぞれの二重の否定によって、個の「目的的形成作用」と世界の「表現的形成作用」とは、宗教哲学的には「自己同一的」となり、その結果歴史的実在の世界は、その歩むべき本来の道を歩み続けることができると考えられるのである。

さてここで、「宗教哲学」と「自己同一」が何を意味しているかが付言されねばならない。先ず「宗教哲学」は、宗教は、西田が語るように、「心霊上の事実」であり、哲学はその説明・反省である。故に、「宗教哲学」は、宗教に生きながらその経験が、本来的には対象論理によってではなく、「非思量の思量」による説明・反省である。宗教哲学は、したがって、宗教と哲学との橋渡しの役割を果たしている。しかし、例えば、宗教哲学的自己同一は、宗教の立場から語られれば「一」と「多」との相即性の経験そのものにおいては「一」と「多」とは「一」である。が、その説明・反省が対象論理の立場から語られると、そのような同一性は絶対の矛盾であるので、「絶対矛盾的自己同一」と語られる。次いで「自己同一」であるが、「自己」が自覚的になって初めて、宗教や哲学が自覚的となるからである。万物に通底する「無相の自己」が個に自覚されて初めて「歴史的実在の世界」が各個において世界が自覚され、「歴史的実在の世界」が世界を各個において自覚するときに初めて各個に通底する「無相の自己」が個に自覚される。発生論的には「歴史的実在の世界」が先行する。しかし、各個の「無相の自己」の自覚は、「永遠の今」ないし「瞬間」における「一」と「多」との無相の自己における「同一性」において「歴史的実在の世界」

に先行する。丁度、仏があって衆生があり、衆生あって仏がある、と言われるのと同じように。

さて、場所的弁証法においては、現実の世界と各個とが共に「働く」、いわば無実体的な「絶対無の開け」と無実体的な「真の自己」とが、渾然一体となった、しかも開けと自己との双方の自らの立場の「二重否定」によって、両者の「絶対矛盾的自己同一」(=筆者の「宗教哲学的自己同一」)が成り立つ。つまり、絶対無では、単に静的、固定的な神的愛としてのアガペーに留まらず、自らの高所でのアガペーの働きの立場を否定して、現実の歴史の中に種々の愛(e.g. エロース、フィリア、カリタス等)で働くことが試みられ、しかも現実の世界に虚しく埋もれてしまうのではなく、常に同時に各個へのアガペーの働きへと翻って、蘇生して現実の世界と共生し続けようとされる。他方、個も、自我に死して、しかも常に同時に、死した自我から「真の自己」へと蘇生し、再生する。このような絶対無と各個との双方の自らの立場の二重否定によって、初めて、超越の次元の絶対無と各個の真の自己とが渾然一体となった世界の実現が可能となる。「絶対無」と、万物に通底する「真の自己」へと自我無化する個との、双方の自らの立場の「二重否定」による「宗教哲学的自己同一」は、仏教の「四句分別」(「テトラ・レンマ」)をも超脱して宗教哲学的自己同一へと突破して行く。「宗教哲学的自己同一」は、絶対無の哲学においてのみならず、「実体」ではなく、「働き」が核心となった世界三大世界宗教(仏教、キリスト教、イスラム教)にも共通に見出される。「絶対無の哲学」の「絶対否定的弁証法」からは、以上のように、世界宗教における根源的な二重否定という共通の「思考法」が明らかとなる(イスラム教については詳論できないのであるが）。

二　「絶対無の哲学」の展開

1、田辺哲学による展開

西田の「絶対無の哲学」により、超越の次元と個との、具体的には「歴史的実在の世界」と各個との、双方の二重否定を経ての「絶対矛盾的自己同一」においては類と個との「一」が成り立つことが示された。しかし、田辺哲学からは、「種」の段階のあり方とその役割が明白でないという批判があり、「社会存在の論理」としての田辺哲学の「種の論理」によって、「絶対無の哲学」は補足、補強された。田辺においては、論文「生の存在学か死の弁証法か」（一九六二年）において、哲学の「存在論」の終末という死から蘇生する「死の弁証法」が提唱され、論理が否定され、「歴史的現実態」としての歴史的・倫理的な非合理的直接態が「絶対媒介」となる懺悔による死復活の「死の哲学」の「実存共同」が主張された。しかも、第二次世界大戦中に書かれ、敗戦後に出版された『懺悔道としての哲学』（*Philosophy as Metanoetics*, 1946）においては「懺悔」が「絶対媒介」と見なされ、悟性に基づく哲学そのものの死・復活の必要性が説かれ、純粋哲学から宗教哲学への生まれ変わりが必要であることが語られた。これは、キェルケゴールによる約一〇〇年前のヘーゲル批判と同様の、「哲学とは何か」に対する深い考察でもある。

以上のように、「絶対無の哲学」は、田辺哲学により、「種の論理」と「懺悔道としての哲学」によって、「社会存在の論理」と哲学そのものの「死・復活」へと深められた。さらに、詳論はできないが、理系出身の田辺哲学からの西田哲学への二十世紀の新しい物理学の伝授も、古典哲学を超克した西田の「絶対無の哲学」のその後の展開に大いに貢献していることは言うまでもない。

2、西谷哲学による展開

西谷哲学による「絶対無の哲学」の展開は、現実に「生きる」ことによって体得・体認される「空の哲学」への展開である。釈迦牟尼（ゴータマ・ブッダ、Gautama Buddha, BC466 or BC463-BC383）は縁起（pratitya-samutpada）の理念を提唱したが、龍樹（ナーガールジュナ、Nāgārjuna, ca.150-ca.250）は縁起を空として生きたと言われている。西谷の「空の哲学」は、縁起や空を踏まえながらも、これらとは相違した、宗教哲学の次元からの哲学である。西谷宗教哲学は、西田の「理事無礙」の哲学を「事事無礙」の哲学へと深め、「非思量の思量」(7)の哲学へと展開している。その上、西田哲学には入り来たりえなかった、その当時から現代までも続いている、世界的現象としてのニヒリズムの問題が解明されようとしている。その場合、各個の順次「自我、実存、生、虚無、真の自己」へと辿る「己事究明」と、同時に歴史的にもそれら五段階が時代と共に歩まれることによって「一」と「多」との自己を介しての「一」における個・世界・宇宙の救済の道が探求されている。このような道は、キリスト教神学者にして同時に宗教哲学者のティリッヒ（Paul Johannes Tillich, 1886-1965）[8]にも見られるが、ハイデガー（Martin Heidegger, 1889-1967）においては一層明確に見られる。

ハイデガーは、古代ギリシアの哲学者プラトン以来ヘーゲルに至る西欧の伝統的な主流の形而上学としての哲学は、「存在―神―論」（Onto-theo-logie）に終始して、「存在そのものが何であるか」が究められていないと批判し、その結果がニヒリズムであると結論づけている。しかし、西谷哲学においては、存在が超脱されて、力動的な働きそのもの、「事事無礙」の世界における「生成」（＝無限に巡回する「在る↓成す↓成る」）が強調されている。

さて、西谷宗教哲学の「空の哲学」では、最終的には、「一即零、零即多、そしてその二つの即の相即」[9]が提唱されている。西谷宗教哲学である「空の哲学」は、道元の『正法眼蔵』の坐禅箴の巻の「魚行いて魚に似たり、鳥飛んで鳥のごとし」[10]の立場こそが「如」「真如」の立場であり、この立場は「自体」[11]の立場と名づけられて、「事事無礙」の哲学となっている。

3、ホワイトヘッドによる展開――創造性（creativity）・神・永遠的客体（eternal object）――

西田哲学において既に、自らの立場は、カントまでの古典哲学やニュートンまでの古典物理学によっては説明され得ず、二十世紀初頭以来の新しい物理学によってしか説明され得ないと語られている。そのためにも西田は田辺の援助を期待していたと考えられる。しかし、田辺哲学は最終的にはキリスト教に救済を求めていたのに対し、西田、西谷、ホワイトヘッドの哲学においてのように既成のいずれの宗教にも偏らずに、むしろ既成の世界宗教もが脱却される方向で、新たな宗教の可能性と新たな宗教的救済が求められていた。その点では、ホワイトヘッドの哲学は、西田、西谷の哲学に類似している。ホワイトヘッドもキリスト教や仏教等の既成の宗教には依拠せず、哲学、宗教、科学の新たな可能性を模索しているからである。

さて、ホワイトヘッドは、どのように優れた哲学も時代と共に、新たな他の哲学に超脱されて行くと、自ら自覚して語っている。しかし、彼が宗教の根幹を「誠」(loyalty)と考える点で西田と一致している。また彼は、自らの考えはキリスト教と仏教のいずれにも依拠してはいないが、原始仏教の考え方に近いと述べている。その上、彼は、数学者としては珍しく、哲学者の西田、田辺、西谷においてと同様、無実体的な思考法(Denkweise)で思索する方向へと進んでいる。ホワイトヘッドは、ロンドン大学での六十三歳の定年までは、科学哲学三部作(①『科学哲学の認識論的諸原理』一九一九年、②『自然の概念』一九一九年、③『相対性の原理』一九二二年)で世に知られていたが、『自然の概念』で自然を「出来事」と理解する時期から、特に『形成途上の宗教』(一九二六年)以後は、自我が実体的主体となった主語論理ではなく、「自覚の論理」とも言い得る、西田の所謂「述語的論理」の道を事実上歩んでいる。さらに、ホワイトヘッドのハーバード大学教授時代の主著『過程と実在』(*Process and Reality*, 1929)においては、神ではなく、「創造性」(普遍的なものの普遍的なもの)と「一」(統一性)と「多」(隣接的多様性)が究極的なものの範疇(カテゴリー)となっている。これら三つの究極的なものの範疇は、同義語「事物」(thing)、存在(being)、実質(entity)の意味に内蔵された究極的観念と考えられている(*PR* 21)。また八つの現存(existences)の範疇のうち、現実的実質（actual entities）と永遠的客体（eternal object）の二つの範疇が極端な究極性を持っている。前者のactual entity(これは神以外では同時に現実的契機、actual occasionでもある)では、究極的実在性（*PR* 22）が意味されており、そのリアルな構成要素は「感じ」（feeling）である。また、actual entitiesのリアルな内的構造が「合生」(concrescence, Konkretisierung）と考えられている。合生は、内的には決定されており、外的には自由と考えられている。究極的実在のactual entityのリアルな構成要素が「感じ」（feeling）であることは、絶対無の哲学においても知性ではなく、情意が根底的と見なされていることに共通している。また、actual entityのリアルな内的構造である「合生」において、類、種、個の「一」的発展・展開が試みられている。この試みは、西田、田辺、西谷のそれぞれによって展開された「絶対無の哲学」の三様の歩みが同時に、一挙に、一に歩まれていると理解されることも可能である。

さて、リアルな構成要素が「感じ」で、リアルな内的構造が「合生」であるactual entityに究極的実在が見出されているホワイトヘッドの哲学が成り立っている場所は、西田哲学が「絶対無の哲学」のヒントを得たのと同様に、偶然にもプラトンの『ティマイオス』の場（chora）[12]がヒントになっている。ホワイトヘッドにおいてはプラトンの「場」は、受容者（Receptacle, hupodoche）あるいは場所（Locus）[13]と訳され、その機能は自然の出来事に統一性を付加することと考えられている。というのも、それは「無形相」と考えられており[14]、自然の出来事は、共通しているその「場所」の内部に存立している故に現実性を獲得すると考えられているからである。この事実は、西田の「絶対無の場所」における、しかもそこから万物が形成されることに対応していると理解され得るのである。何故そう理解されるのであろうか。何故なら、その理解は、ホワイトヘッドの「合生」における eternal object（永遠的客体）の働き方において明らかに示され得るからである。

ホワイトヘッドでは、創造性、一、多が究極的なものの範疇と見なされているが、神は、そうではないばかりか、八つの現存（existences）の範疇にすら入っていない。また、二七の説明の範疇にも九つの範疇的拘束にも入れられていない。全体で四七の範疇においては、神には触れられていない。彼の考える「神」は他のすべての actual entity と同様に、自己原因（causa sui）で成り立つ一つの現実的実質（actual entity）である。しかしながら、創造性（creativity）は神との協働で初めてその働きを発揮し得る。何故なら、神は、ホワイトヘッドにおいては、「創造性」の「刺激物」（goad）であり、かつ万物の「秩序の根底」と考えられ、その上、神は諸々の価値の概念的価値については eternal object に依拠しているからである。しかも、合生での「究極的観念」は、「新しい共在の産出」（the producing of novel togetherness）と考えられており、そこでは、地球的規模での、「誠」としての「宗教」[15]が根幹となった新しい倫理的な共在の世界が求められているからである。

さらに、ホワイトヘッドにおける神は、三つの本性（原初的本性 primordial nature・結果的本性

consequent nature・自己超越的本性 superjective nature）から成り立ち、神の原初的本性は潜勢態としての、無実体的働きの eternal object との協働における基底と考えられている。「創造性」の働きからの一と多とによる「合生」は、潜勢態の eternal object が加わり、さらに神が eternal object との協働における基底であることによって、初めて成り立つ。つまり、「創造性」と無実体的な形相である eternal object と「完成された理念的調和」としての「神」との三者の協働によって初めて「合生」が成り立つわけである。しかし、この場合ホワイトヘッドにおける eternal object の無実体的な理解が、彼の新しい哲学の「冒険」における偉業となっている。Eternal object は、既述のように、八つの現存（existence）の範疇の中の一つであるが、ホワイトヘッドは「プラトン的形相」（Platonic form）を「永遠的客体」と名づけたと自ら語っている（*PR* 44）。しかも、「神の原初的本性」のうちにあるような eternal object はプラトン的なイデアを構成している（*PR* 46）と語る。ホワイトヘッドではプラトンの語る「場」が無実体的にイデア化したものが eternal object と理解されてはいるが、しかし、彼はプラトンの場（受容者）は、すべての個体的契機から抽象されていて、空虚であると批判する。[16] これに対してホワイトヘッド自らの統一体は、その構成要素の中に、エロスをも包摂した社会的要素の重要性を持ったすべての個体的現実を含んでいると語り、個体的重要性は「美の本質」に属するとしている。つまり、ホワイトヘッドの語る場所「chora」は、プラトン的な実体的、抽象的な場所ではなく、類・種・個が一体となっている場所と理解されている。しかしながら、eternal object は、「場所」の「形」としてのイデアと呼ばれているが、二種に分けられている。即ち、客体的・公共的、普遍的な「客体的種」(objective species)のeternal objectと、私性の働きとしての「主体的種」(subjective species)としての性質や特徴となるeternal objectとに。しかし、類・種・個のレベルのそれぞれが無実体的「場所」(chora)に「一」に成り立つ場合に働くeternal objectは、actual entity(=神以外では同時にactual occasion)の内的構造である合生を進めて行く。Actual entity(現実的実質)の内的構造である「合生」は、この構成要素が積極的に働くときは、積極的抱握(positive prehension 我有化)としての「感じ」(feeling)と見なされ、消極的に働くときは、消極的抱握(negative prehension)であるeternal objectとして、合生が単なる主体の恣意的方向へ堕さない為の矯正の働きとなる。この場合重要なことは、プラトン的な「永遠的、実体的形としてのイデア」が、ホワイトヘッドの主体的種の永遠的客体では「無実体的な働き」としてのeternal objectと理解し直されていることである。つまり、永遠のプラトン的形相が死して、無実体的なイデアへと、即ち「働き」へと蘇生していることである。

以上の考察から、「客体的種」の永遠的客体が働く数学的領域を除けば、類・種・個の次元が統一性のうちで包摂されている無実体的な、つまりプラトン的な実体的場が無実体的な場所へと転換した、無の場所において、内的構造が合生であり、自己原因で成り立っているactual entityは、「積極的抱握」である「感じ」と「消極的抱握」であるeternal objectの矯正の働きの中で、グローバルな倫理的社会の実現と理解できる「新しい共在の産出」へと進んで行く。

そのような歩みの中では、彼の著書『観念の冒険』（一九三三年）に見られるように、真理（＝現象の実在への順応）、（真的）美（＝現象の実在への調和的順応）、冒険（＝時代の安全な限界の彼方への飛躍）、平和（＝諸調和の調和）が重視されている。

三　絶対無（空）（absolute nothingness〈emptiness〉）と創造性（creativity）による未来

西田の「絶対無の哲学」と田辺・西谷によるその展開での共通性は、経験や論究の仕方は相違しているにも拘らず、超越の次元（＝「絶対無」「空」等）における「二重否定」と、各個における「二重否定」とが通底していることである。「二重否定」とは、前者の超越の次元の神的愛（アガペー）の働きそのものとしての絶対無の働きがそのまま厳然として留まり続けるのではなく、そのような自らの本来的アガペーの働きの立場を否定して（＝第一の否定）零に帰するが、それと同時に、働きの零の立場に死して（第二の否定）蘇生して、絶対無の立場が慈悲（compassion）、悲願として「個や社会」に援助し、世俗の世界と渾然一体となって、救済の働きを実行して行く。他方、後者の、個の側の二重否定とは、自我の欲求や生まれながらの理性の立場や、退屈、不安、絶望等に生きる実存、あるいは自らに神仏等の何らの支えも見出し得ず、さらには支えの代わりに、かつては超越者が坐していた玉座に虚無しか見出し得ない「生」や「虚無」の立場が否定され、そのまま死して（＝第一の否定）、万物に通底する「真の自己」へと生まれ変わる（＝第二の否定）ことを意味する。

さらに、ホワトヘッドの eternal object においても、「二重の否定」が、プラトンの場（chora）の理解を補充するものとして、示されている。[17] つまり、ホワイトヘッドでは、プラトンの永遠で、実体的な場が、エロスが入ることを許容して、[18] 現象界と渾然一体となることでまず否定され（＝第一の否定）、同時に場が形となったイデアの eternal object もその実体性が、主体的種の永遠的客体では否定されて（＝第二の否定）、無実体的で潜勢態的な働きとなっている。しかも、神との協働における、神が根幹となった愛の働きとして（*PR* 351）。

以上から、ホワイトヘッドの有機体の哲学と、西田・田辺・西谷の絶対無の哲学とは、「二重の否定」という同一の思考法（Denkweise）が根底となっていることで、通底している。しかし、ここで、ホワイトヘッドの創造性（creativity）と「絶対無」（空）とは、如何様に関係しているのであろうか。

釈迦は、「縁起」の理念を提唱し、龍樹は縁起を「空」として経験している。本章においては、仏教に固有な「縁起」や「空」によってではなく、宗教哲学的に「絶対無」と有機体の哲学における「創造性」の考察が進められている。

「創造性」と「絶対無」との相違は、如何様であるのか。両者の根本的な通底性は、両者の思考法を抽象化して見た構造での「二重否定」であり、両者の類似性は、以下のようであった。即ち、知性ではなく、情意の重視、類・種・個の三レベルの同等の重視、プラトンの『ティマイオス』の「場」(chora) からの「生成」が基礎となった新しい創造的な哲学樹立へのヒント、自覚が根本となる無実体的な「述語的論理」、宗教の根幹が「誠」である等であった。

両者の相違は、第一に、「創造性」は、西田では「ポイエーシス」の立場として最後に到達されるが、ホワイトヘッドでは一切に先立つ三つの究極的カテゴリーのうちの一つであり、瞬時、瞬時に働く普遍的・究極的原理としての「新しさの原理」であり、いわば出発点となっていることである。第二は、絶対無の哲学では、「絶対無」は神（特にキリスト教の神）と理解され得る。しかし、ホワイトヘッドの「創造性」は、最終的な創造的働きの開けとしての根源と理解されてはいる。しかしながら、神は「創造性」との協働によって初めて原初的本性における決断が可能ではあるが、逆に創造性も eternal object も、「完成された理念的調和である神の働き」との協働によって初めて成立可能である。西田は、自らの哲学は、強いて言えば万有在神論（Panentheismus）であると語る。しかし、ホワイトヘッドの哲学は、神が秩序の根底であるという意味では「万有在神論」と言えても、一方では「創造性」が「一」と「多」と並ぶ究極的範疇として神に先立っている限り、また他方では神がその原初的本性を創造性によって可能にされている限り、さらに合生は、「神」と「創造性」と“eternal object”との協働において初めて成り立ち、神が創造性に対して優位性を持たないので、西田と同様の意味で「万有在神論」とは言い切れない。このような意味で、ホワイトヘッドでは、創造性が神であるとは理解できない。

しかし、ホワイトヘッドにおける無実体的な場所の理解、無実体的なeternal objectによる無媒介的媒介の働きは、西田とホワイトヘッドの哲学とは、直接的関係はないとしても、理系の側からの、「絶対無の哲学」とは独立した仕方で形成されてきた「絶対無の哲学」の一つの発展形態と考えられるのである。(19)

しかしながら、ホワイトヘッドの「感じ」(feeling)を核心としている哲学は、「絶対無の哲学」との類似性における発展の一つのあり方と見なされ得るのみならず、カントの第三批判(『判断力批判』)からの大きな影響も見られる。つまり、第一批判(『純粋理性批判』)の働きの根幹の理論理性と第二批判(『実践理性批判』)の働きの根幹の実践理性との分離が、第三批判の規定的判断力に対する「反省的判断力」の美学的判断力や目的論的判断力によって統一されようとしていることも、忘れられてはならないと考えられる。

最後に語られるべきことは、ホワイトヘッドの偉大さは、絶対無の哲学と直接的に関係することがなかったにも拘らず、考え方(Denkweise)の根本構造は、「絶対無の哲学」の根本構造の「二重の否定性」と、超越の次元と個との「一」とであり、類・種・個とが合生において「一」になって全く新たな「共生」(togetherness)が目指され、その結果、環境倫理等すべての倫理を包摂する「地球規模の倫理」の形成へと進展して行く、一つの道を切り開いていることである。無実体的な超越の次元と現実の世界が渾然一体となり、しかも「時空を超えた延長」としての非連続の連続としてのいわば点の直線的集まりとしての「過程」での「実在」における「合生」

（＝具体化、現実化）は、場所（chora）の無実体化（第一の否定）と合生における eternal object による主体的・恣意的な働きの「矯正」（第二の否定）とによって進められて行く。これは、「絶対無の哲学」における絶対無の場所が具体化、直接化、そして究極的には歴史的実在の世界の「自覚」を介した二重否定と、自覚の道としての「己事究明」を介した各個の「二重否定」とが根幹となった宗教哲学の一つの継承された道と理解され得るのである。有機体の哲学は、四七のカテゴリーに纏わる複雑性が再考、単純化されつつ、今後もさらに進められて行かねばならないと考えられるのである。このような一つの道が再考され続けていく道もまた、地球規模の倫理を形成して行くための一つの道と考えられるのである。

註

本文中のカッコ内の巻数とそれに続く数字（例 Bd. 8, 86）は、『西田幾多郎全集』（岩波書店、一九六五年初版）、『西谷啓治著作集』（創文社、一九八六〜一九九五年初版）の頁数。また、カッコ内の *PR* とそれに続く数字は、A. N. Whitehead 著 *Process and Reality*, Corrected edition, edited by D. R. Griffin and D. W. Sherburne, New York, The Free Press, 1929. の頁数である。

（1）華厳の「四（種）法界」は、以下の法界（真理の世界）から成り立っている。①事法界、②理法界、③理事無礙法界、④事事無礙法界。西田哲学では③の理と事が一であるという立場。西田哲学のこの立場は、事事無礙の立場での経験がもう一度理と事に分離されて、それが一であると表現し直される立場。

（2）華厳の「四（種）法界」の内、西谷宗教哲学は註1の④の事事無礙法界の立場。この立場は、各個が「生きる」ことからの「非思量の思量」（道元『正法眼蔵』坐禅箴の巻参照）によって「事事無礙」の境涯があるがままに説明・反省されようとする立場。

（3）カントに至るまでの古典哲学における時空の絶対化が、アインシュタインによる「時空の相対化」へと、またボーアの量子論に関係しての、その弟子ハイゼンベルク（Werner Karl Heisenberg, 1901-1976）の「不確定性原理」による、「測定に際しての素粒子の位置と運動速度は、二度と再び同一ではあり得ない」へと修正された。が、これは、西田哲学の次の考え方と同定し得る。即ち、新羅万象の無数の一々はそれぞれ絶対の中心であり、それぞれの絶対の中心からなる無数の世界がある、という考え方と。また同様に、他方のホワイトヘッドの現実的実質（actual entity）の内部構造である「合生」（concrescence, Konkretisierung）においても、自己原因で形成されて行く現実的実質もそれぞれがそれぞれの「満足」に至るまで究極的実在であり続ける。両者の相違は、西田では弁証法的一般者が直接的に働くが、後者では永遠的客体の矯正の働きが媒介（mediation）として存し、さらに無実体的に理解された場にエロスがmediationとして加わることである（筆者のこの理解には、更なる詳細な反省・説明が必要であるが）。

（4）『西田幾多郎全集』一巻、岩波書店、一九六五年、八九頁。「一即一切、一切即一」については、『禅の語録』一六「信心銘・証道歌・十牛図・坐禅儀」梶谷宗忍他著、筑摩書房、一九七九年、二二六頁参照。

（5）『西田幾多郎全集』第一巻、一五六頁参照。
（6）「一即一切」は、全体（一）と個が相即しており、全体の中に個があり、個の中に全体があると理解される（『新・仏教辞典』中村元監修、誠信書房、一九七八年、二五頁参照。『禅の語録』一六、二六～二七頁）。
（7）「非思量の思量」については、道元『正法眼蔵　正法眼蔵随聞記』（日本古典文学大系81）西尾実他校注、坐禅箴の巻、岩波書店、一九六五年、一六四頁参照。
（8）個の「己事究明」と哲学史上の時代による一般的な人間のあり方の展開との、類似性の探求は、ティリッヒにも見られる。
（9）『西谷啓治著作集』第一三巻（『哲学論考』）創文社、一九八七年、一四四頁参照。
（10）『西谷啓治著作集』第一〇巻（『宗教とは何か』）一九八七年、一五七頁参照。
（11）『西谷啓治著作集』第一〇巻、一六五頁参照。
（12）Platon, *Werke 7* (*Timaios, Kritias, Philebos*), Wissenschaftliche Buchgesellschaft, Darmstadt, 1972, S.96f.. プラトン全集一二所収『ティマイオス他』種山恭子訳、岩波書店、一九六七年参照。
（13）A. N. Whitehead, *Adventures of Ideas*, The Free Press/A Division of Macmillan Publishing Co., Inc., New York, 1967, p.187.
（14）Whitehead, *Adventures of Ideas*, p.295.
（15）A. N. Whitehead, *Religion in the Making*, Fordham University Press, New York, 2005, p.60.

（16）Cf. Whitehead, *Adventures of Ideas*, p.295.

（17）Cf. Whitehead, op.cit. p.295.

（18）Cf. Whitehead, op.cit. p.295. アガペー（agape）は与える神的愛であるのに対して、エロース（eros）は、人間的な奪う愛で、古代のソクラテス以来「哲学的衝動」とも理解されている。

（19）本章では詳論できないが、ホワイトヘッドの哲学には、感じ（feeling）を核心とし、美を重視する点で、カントの第三批判の影響が、少なからず認められる。

第五章　絶対無の神と神性の無
――西田哲学と、エックハルトの神秘思想を介して――

一　神の概念について

キリスト教の前身としてのユダヤ教では、ボーマン（Thorleif Boman, 1894-1978）も主張しているように、生成や出来事と「一」に働く力動的な働きとしての Hayatology の神が経験されていた。[1] しかし、キリスト教の神は、ヒブル語の生成や出来事を意味する hayah がギリシア語の einai（存在する）に翻訳されることによって、ハイデガー（Martin Heidegger, 1889-1976）も指摘したように、存在―神―論（有―神―論 Onto-theo-logie）の神に転換してしまった。詳論すれば、モーゼに「あなたの名は？」と聞かれて、神は「我は有りて有るものなり」[2] と答えた。この答えの中の「有る」という動詞は、ヒブル語では「存在」よりはむしろ「生成」や「出来事」を示している。しかし、旧約聖書がヒブル語からギリシア語の Septuaginta（セプトゥアギンタ）（七十人訳）に翻訳されたときに、ユダヤ教の「生成」とか「出来事」と「一」に働く働きとしての神は、キリスト教においては実体的な存在者としての神に転換されてしまったのであった。プラトン以来ヘーゲルに至るまでの西欧の主流の形而上学としての哲学が、その基礎として「絶対有」のパラダイムを求めたのは、この世の現象界の何物によっても左右されない実体的な絶対者や理念を求めたからであったと考えられる。つまり、この世の一切は相対有でしかあり得ないと見なされ、その支えとして絶対有を希求してきたわけである。しかし、ニーチェが「神は死んだ」とか「我々が神を殺した」と語ったように、永遠で普遍的で不変で実体的な絶対有の立場が頽れたとき、絶対有を求めて絶対有のパラダイムで思惟しようと二千五百年間試みてきた人間の生まれながらの「自我」は崩壊し、そこに実存が目覚めるわけである。実存は、ハイデガーも示しているように、その語源である **ek-sistere** から理解できるように、自我は脱自存在となっており、自閉的な自我の立場が脱皮されている。

しかし、絶対有でのパラダイムでの思惟では、自我は実体的な絶対有を希求し、しかも自らの自我における絶対有の臨在が主張されようとする。しかし、実存は、自我から脱自はしたものの、絶対有の裏面としての相対無のパラダイムにおいて思考するので、常に相対無における不安に戦いている。この立場は、キェルケゴールによって代表され得る。しかし、相対無のパラダイムで思惟することに破れると、実体（ないし本質 essentia）とこれに破れて出現してきた実存（existentia）との根源である生（Leben）の立場で哲学しようとする新たな立場としての「生の哲学」(Lebensphilosophie)が生まれてくる。この生の哲学の思惟の枠組みとしてのパラダイムは「虚無」であり、この立場はニーチェによって代表される。プラトン以来ニーチェに至る思考の枠組みや場であるパラダイムは、相対有、相対無、絶対有そして虚無であった。しかし、西田はこれら四つの思惟のパラダイムを包摂し、しかもそれぞれのパラダイムでの立場を愛（アガペー）や慈悲で裏打ちして生かす「絶対無」を提唱した。しかしながら、ドイツの中世以来の神秘思想、就中エックハルト（Meister Eckhart, ca.1260-ca.1328）の神秘思想には、西田の「絶対無」に通底するような側面が見られる。エックハルトにおいては神は、神と神性とに分けて考えられており、後者は「神性の無」とも特徴づけられている。そこで、本章では西田哲学における「絶対無の神」とエックハルトにおける神性の無とを究明し、その類似性と相違性を通して両者の現代における意味を考察してみたい。

二　西田における絶対無の神

西田では、哲学以前の世界である宗教の世界での根本経験が「純粋経験」と表現されている。「純粋経験」については、西田では以下のように述べられている。即ち、「色を見、音を聞く刹那、未だこれが外物の作用であるとか、我がこれを感じているとかいうような考のないのみならず、この色、この音は何であるという判断すら加わらない前をいうのである。それで純粋経験は直接経験と同一である。自己の意識状態を直下に経験したとき、未だ主もなく客もない、知識とその対象とが全く合一している。これが経験の最醇なる者である[3]」と。「純粋経験」では、

「天地同根万物一体[4]」というように、一切が平等である。と同時に、この事実に目覚める自己は、他の何物によっても代替不可能な絶対の中心としての「天上天下唯我独尊[5]」の自己である。このように、自己が万物の各々と平等である、いわば世界を形成する一形成点でしかあり得ないと同時に、世界の絶対の中心であるという経験は、西田では後年（一九二六年）に明らかにされるように「絶対無の場所」において初めて可能である。西田での「絶対無の場所」とは、「絶対の現在」であり、一切の実体性や実体的視点が否定される「開け」である。この「開け」は、対象論理的に見れば「無限」であるが、「開け」それ自身においてはあらゆる実体性が否定されるという意味において「絶対」である。

さて、西田哲学において神は、『善の研究』（一九一一年）では「全く無である[6]」と同時に「宇宙の統一者[7]」であり、「実在の根本である[8]」と理解されていたが、『西田幾多郎全集』（岩波書店、一九六三年）第四巻所収の論文「働く者から見る者へ」（一九二六年）では、「絶対無の場所」として理解され、同全集第十巻所収の哲学論集第四の第三論文「歴史的形成作用としての芸術的制作」（一九四一年）では、神は「絶対の無[9]」と理解されている。つまり、神は最終的には「絶対の無」と理解されているのである。しかしながら、絶対無としての神は、更にその後も様々に表現されている。即ち、「形なき形[10]」、あるいは「永遠の鏡[11]」「我々の自己に心霊上の事実として現れる[12]」もの、「自己自身に於いて絶対の否定を含む絶対矛盾的自己同一[13]」「絶対的自己否定に於いて自己をもつもの[14]」、また「絶対的一者[15]」あるいは「絶対空[16]」などとして。

さて、西田哲学において「絶対無」と理解されている「神」は、先にも述べたように、西欧のプラトン以来ニーチェに至る四つのパラダイム（相対有、相対無、絶対有、虚無）をも包摂する「絶対無」のパラダイムにおいて成り立つ神と理解されている。したがって西田哲学での神は、人格性と非人格性を超脱した神である。というのも、人格性と非人格性との区別は、対象論理の基礎の上に成り立っている区別であるからである。絶対の自我否定や実体的なものの見方や一切を実体化しようとする立場をどこ迄も否定する立場無き立場としてのパラダイムである「絶対無」では、人格性と非人格性、一と多あるいは倫理の次元での善と悪、真と偽り、美と醜、聖と俗等々の精神的レベルでの両極性ないし対極性は超脱される。というのも、これらは、それらの根源から考察されるために、対極性、両極性は消滅してしまうからである。

しかし、だからと言って、西田哲学において一切の両極性ないし対極性が完全に消滅してしまうわけではない。両極性、対極性は対象論理的にはそのままでありながら、しかも同時に同一の事柄が絶対無の視点から考察されるならば、絶対無による愛（アガペー）や慈悲によってそれらの立場が裏打ちされてそれらの立場が初めて生きたものとして活かされるのである。「絶対無」では自らの立場が実体化されることが絶対的に否定されるために自らは零に帰するが、零が更に働きに転ずるときにその働きは愛（アガペー）や慈悲として迸り（ほとばし）出てくるからである。対象論理的には分離されるすべての学問領域や生活領域も、あるいは審美的、倫理的、宗教的な各々の領域も、西田哲学においては、絶対無の自覚の流れの中で理解されている。

西田では、哲学は「世界の自覚」と共に始まると考えられている。[17] そして哲学への動機はアリストテレス以来のように「驚き（taumazo）」ではなく、「深い人生の悲哀でなければならない」[18] と西田は語る。驚きには主客分離の影が多少残存しているが、人生の悲哀では、自己が悲哀の渦中に悲哀と一に生きているからである。しかしながら、西田での哲学への動機としての「悲哀」や西田での「宗教経験」としての「純粋経験」は、世界の自覚が「自己の自覚」を包摂しているにも拘らず「自己の自覚」と「世界の自覚」は絶対矛盾的自己同一的に各人の「自己」において成り立っているのであるから、既に『善の研究』の「純粋経験」において、西田哲学は始まっていると理解され得るのである。

さて、本題である「神」の問題に戻ると、西田哲学での「神」は、全集第八巻（「哲学論文集第一―哲学体系への企図」と「哲学論文集第二」）以後においては、主として「歴史的生命」との連関で論究されていると言える。著者の考えによれば、神とは「根源的いのち」[19] である。西田の理解する神は、先に述べたように、全く無で、宇宙の統一者で、実在の根本であるから、そのような神は、当然宇宙における「根源的いのち」と理解されることができる。事実、西田は、次のように語っている。即ち、「我々は内に絶対否定を含む歴史的生命の世界の個体である」[20] と。「歴史的生命」は、「限定する者なき限定として、世界が世界自身を限定する」[21] ことによって、形成される。というのも、西田では、生命は、「絶対に相反するものの自己同一として成立」[22] し、「真の生命は、絶対否定の肯定として、悲連続の連続」[23] として形成作用的に働くからである。それ故に、このような生命、つまり宇宙の生命こそが、神であると理解され得るのである。

西田によれば、歴史は、「行為的直観から行為的直観に移り行く」[24]が、「行為的直観」は、「行為によって物を見る」[25]ことである。しかも行為によって物を見るとは「絶対の否定即肯定、絶対の肯定即否定」[26]を成就することを意味する。つまり、歴史的実在の世界で働くものは、自己自身を表現するものとして、非連続的なものの連続のうちで、歴史の形成作用に参与している。以上のことをもう少し単純に言えば、歴史は、西田哲学においては、人間の各々の個の「目的的形成作用」と「一」としての世界の「表現的形成作用」とが交錯し、しかもこの両者の作用が絶対矛盾的自己同一的であるという仕方で形成されて行くと考えられている。しかし、多のうちの一つである個が自己実現を成就しようとする目的的形成作用と、普遍的な一としての世界が各々の個を、世界を成就する為の、それぞれ一形成点と化して表現的形成的に働く作用とが絶対的に矛盾しながら同一であり得るのは、現実の歴史が絶対無である「神」としての開けで成り立っている「歴史的実在」と理解される場合に限られる。歴史的実在の世界は、個物間の相互限定の世界であるが、「歴史的実在の世界」[27]での人間の個の「自己」は、「歴史的世界の底から生まれる」[28]と考えられている。以上で明らかにされた西田での神は、簡単に言えば、働きとしての「絶対無」の神であると同時に、「絶対無の場所」の具体化されたあり方である「歴史的生命」を可能にする働きとしての神と理解されることができる。

三　マイスター・エックハルトにおける「神性の無」

エックハルトにおける「神性の無」を論究するにあたり先ず、ドイツの神秘思想（Mystik）の語源が示されるべきであろう。先ず一般的に神秘思想は、Mystik の語源である myein の意味「目を閉じる」から分かるように、超越の次元が、主客の対立による対象化によらずに直接、無媒介に人間の個において経験される立場である。神秘思想（Mystik）は、R.G.G.[29]にも纏められているように、キリスト教においてのみならず、ユダヤ教、仏教（特に密教）にも、インドのウパニシャッドや、更にヨーガやバクティ等にも見られる。しかし本章では、これらの内のキリスト教におけるドイツ神秘思想のうち、特にエックハルトの神秘思想の「神性の無」を中心にエックハルトの神理解を明らかにしたい。というのも、中世のエックハルトの「神性の無」と、西田哲学の「絶対無の神」には、宗教哲学的に深い親近性ないし大きな類似性が見られるからである[30]。キリスト教の神秘思想は、ごく一般的には、例えばパウロの神秘思想にも見られるように、第一に人間の個の自己における魂の浄化が、第二に超越の次元と自己との所謂「神秘的合一」(unio mystica)が特徴となっている[31]。エックハルトでは、この二つの特徴は、前者は離脱(Abgeschiedenheit)と、また後者は神と魂との相互の突破（Durchbruch）による「魂の内への神の子の誕生」として究明されている。そこで、以下において、エックハルトにおける離脱と「魂の神の子の誕生」

を詳しく究明したい。

1、離脱（Abgeschiedenheit）

エックハルトの神秘思想で大きな特徴の一つは、神の一性と純粋性と不変性が、離脱によって可能となることである。離脱は、神以外の如何なるものをも受容しない。というのも離脱は極めて無に近いので、神以外の如何なるものも、無に近い程には微細であり得ず、神のみが「離脱」に留まりうる程に単純微細だからである。[32] キリスト教では謙虚さが最も賞賛されるが、離脱では謙虚さも離脱と一つに成り立っている。というのも、離脱は、無と言っても良い程に無に近いからであり、謙虚さは、離脱なしでも成り立つからである。[33] つまり、完き離脱は、謙虚さ無しには存し得ないからである。「完き離脱は、神を強いて私を愛するようにさせる」[34]ので、エックハルトは一切の愛よりも離脱を讃めたたえる。そして、この世の一切の被造物から脱却している純粋な離脱は、「純粋な無」[35]の上に立っていなければならないとする。離脱した純粋性には祈りすらあり得ず[36]、離脱した心は神と一であり、同一の形相であるとされる。[37] そしてその際には、魂それ自身が無になることが[38]、アウグスティヌス（Aurelius Augstinus, 354-430）でのこれと類似の例が挙げられて、主張されている。しかもエックハルトでは、全き平安も離脱に見出されている。

2、突破（Durchbruch）における「魂のうちへの神の子の誕生」

新約聖書のマタイによる福音書の五章から七章の「山上の垂訓」では、「心の貧しい人々は幸いである」[39]と語られている。心の貧しい人とは、エックハルトによれば、「何も意志せず、何も知らず、何も持たない」[40]人である。何も意志しない人々とは、被造物一切のみならず、永遠性や神への欲求を持っていない人、つまり、自己の意志と神の意志を脱却している人である。また、何も知らない人とは、「自分の内に神が働いていることを知りもしないし認識もしない」というように脱却して自由である人である。というのも、神は存在でもなく、理性的存在でもなく、あれこれを認識することもないので、神は万物から脱却していて、それ故に神は万物であるからなのである。[41]第三に、何も持たない人とは、神からも自由で、神から自由となって神性へと突破する人である。そして、同時に神からも突破され[42]、両者が一であることが成就している人である。

さて、「突破」は、後述のように、西田の最終的立場である「ポイエーシス」（創造的に物を作ること）の立場と極めて近い立場である。というのも、突破では人は、自らの意志からのみならず神の意志すらからも自由であり、一切の被造物を超脱して神でも被造物でもなく、むしろこれまでも、今も、これからも、絶えずそうであったし、そうであるし、そうであろうものとしてあるからである。[43]したがって、神は、突破に生きる人と一である。この意味で、最奥の貧しさは、突破で成就される。神は、人間の魂の根底へと入り込み、その根底に触れ、最後的な貧しさへと突破するのである。

エックハルトによれば、神が本来的に神であるのは、魂の内において以外にはなく、魂は、神の安息処である。[44] しかも、神の根底である「神性」と魂の根底とが一である「神性の無」において、神は神の子を魂自身のものとして生む。というのも、エックハルトによれば、父なる神の存在は、魂のうちに神の子を生むことに掛かっているからである。[45] しかも、父なる神は御子を、貧しさの突破のうちで生きる人の魂から生む。というのも、神と突破に生きる人の魂とは、「一の一なる一」(ein einziges Eins = ein einic ein)[46] として現成しているので、神は貧しさのうちでの突破で生きる人を除外できないからであるという。したがって、神は魂のうちにその独り子を生むと同時に、その同じ誕生において魂は、神のうちへ再び生まれるわけである。

ところで、エックハルトにおいては、「神は一」であると理解されている。[47] しかも、一は、「否定の否定」[48] と説明され、神は神以外の善とか全知とかの何ものも付け加えられていない、それ自体において純粋である「神性」と理解されている。「神性」の完成は、神が一であるところに成り立つ。[49] しかも神性は、すべての存在を超えた「存在無き存在」[50]「無」[51]「存在を超えた存在」[52] と理解されている。また、「神性の無」は、「神性の砂漠」とも理解されている。

最後に、西田との相違として、西田では知情意の未分離の場が哲学の世界の基礎となっているのに対して、エックハルトでは神の宮座は知性となっていることが挙げられる。このような知性重視の点においてエックハルトにおける「神性の無」は、ヨーロッパの中世的な実体的神の影を幾分か落としていると言えるのである。

四 「絶対無の神」と「神性の無」

実体的な神、つまり永遠で普遍で不変な神は、西田哲学の「絶対無の神」においても、またエックハルトの「神性の無」においても認められていない。両者においては、神や神性と自己との一性が成り立っている。無論、西田では、「神と自己との一」というよりは、「絶対無の場所」の具体化された「弁証法的一般者」と個的な自己との、歴史的実在の世界での絶対矛盾的自己同一が論究されている。

しかしながら、「弁証法的一般者」の立場は、西田では「行為的直観」の世界であり、換言すれば、過去と未来が現在において同時存在的[53]な世界、神的表現の世界、即ち「神の創造の世界[54]」であり、「絶対の否定即肯定、絶対の肯定即否定[55]」の世界である。したがって、「行為的直観」の世界は、この現象界の一切を包摂している世界、つまり、神の世界とも言えよう。このように考えてくると、「絶対無の場所」(筆者の用語では「絶対の無限の開け」)そのものが「神」とも表現され得よう。事実、西田は、世界が、先にも述べたように、「絶対的一者[56]」と結合していると述べるときの「絶対的一者」とは「神」を意味していると理解され得るのである。

西田における神は、「絶対の現在」とも表現される「開け」としての「場所」である。しかもそこには、実体性を絶対に否定する「絶対無」以外の如何なる媒介も無い。「絶対無の神」が提唱されているのである。「絶対無の場所」における「絶対無の神」が提唱されているのである。他方、エックハルトでは、「神性の砂漠」とも表現されている「神性の無」として、神から区別された神の内の神の根拠としての「神性」において人間の個の魂の純粋な貧しさにおいての突破によって、魂へと神性が突破され、同時に神性へと魂が突破することにより神の子が、魂の中へと人間の個の魂から神性と一なるものとして、誕生する。ここでは、神は放下される。神における神性と魂との一は、神性と魂とが合一することによって一となるのではない。そうではなく、神がその本源である神性へと戻ることが、魂が魂の根源である神の子の誕生に戻ることでもあるという仕方で一が成り立っている。神性は「一の一なる一」であるが、魂もその本源においては「一の一なる一」であり、「神の子」なのである。神性の一と魂の一との本源的な「一なる一」には、魂の貧、つまり完全な離脱による神性の無の突破という離脱以外の如何なる媒介も無い。

このように、エックハルトでの「否定の否定」[57]とも特徴づけられている神の内の神の根底としての神性と、西田での「絶対の否定即肯定、絶対の肯定即否定」[58]の成就される「絶対無の場所」、つまり働きとしての神（「開け」そのものとしての神）とは、時代や思想や哲学の相違にも拘らず、一なる神として通底している。

エックハルトでの神の像（imago Dei）からも自由な神性と一なる神の子の魂のうちへの誕生

は、西田での世界と自己との絶対矛盾的自己同一の成就と通底していると考えられる。何故なら、絶対無の場所の否定から生じる個的な自己の自らの更なる否定として成り立つ歴史的実在的な世界との絶対矛盾的自己同一の成就が可能な世界は、自らの立場の実体化を否定し、更にその否定された立場を否定するところから、つまり絶対の否定性としての「絶対無」から、自ずから然る仕方で生まれてくる愛（アガペー）ないし慈悲によって成り立っているからである。しかも他方のエックハルトにおいても、神の像から自由な神性と一なる神の子の魂の内への誕生は、神性の無の恩寵[59]によってのみ成り立つと理解されているからである。

　以上の論究から、西田哲学とエックハルトにおける「神」理解の通底性は、以下のように理解され得る。①「絶対の現在」とも表現されている「絶対無の場所」である働きとしての「神」と、「神性の無」における「否定の否定」とで迸（ほとばし）り出てくる愛（アガペー）や慈悲という共通性。②西田の自覚の哲学での最終的立場である「制作（ポイエーシス）」の世界とエックハルトの離脱での突破による魂の内への神の子の誕生という立場とは、共に神によって基礎づけられているという通底性。③西田でのポイエーシスの世界で自己が生成されて行く「働く自己」とエックハルトでの神が働くことによって個的自己が生成するというあり方との、神と自己との働きで生成が実現するという通底性。④神の根源としての神性と世界の自覚の成就とにおいて、絶対の否定性以外の如何なる媒介も存在しないという通底性。⑤神性と自己との、あるいは歴史的実在の世界と自己との、自己同一という通底性である。

おわりに

西田哲学の「絶対無の神」とエックハルトの神秘思想における「神性の無」とにおいては、科学も宗教も、また人間の個と世界も、西田では「絶対矛盾的自己同一的」に、エックハルトでは根源的・自己同一的に成り立っている。というのも、「根源的な開け」ないしは「いのち」としての「絶対無」や「神性の無」においては、絶対矛盾的自己同一的にあるいは根源的・自己同一的に、一切は「一」として、また「一」は「一切」として成り立っているからである。このような意味において。本章は、現代の「科学時代の人間と宗教」の究明ともなっている。

註

（1）T. Boman, *Das hebräische Denken im Vergleich mit dem griechischen*, Vandenhoeck & Ruprecht in Göttingen, 1952, S.18-37 参照。
（2）「出エジプト記」３・14。
（3）『西田幾多郎全集』第一巻所収の「善の研究」岩波書店、一九六三年、九頁参照。
（4）同右掲書、第一巻、一五六頁。平田高士著『碧巌集』（仏典講座29）大蔵出版、一九八二年、第四〇則参照。
（5）『碧巌集』第一則。

(6)『西田幾多郎全集』第一巻、九九頁。
(7)同右掲書、第一巻、一〇〇頁。
(8)同右掲書、第一巻、一〇〇頁。
(9)同右傾書、第一〇巻、一九六五年、二四一頁。更に、同右掲書第一一巻、一九六五年、一一九頁。
(10)同右掲書、第一一巻、一一九頁。
(11)註10に同じ。
(12)同右掲書、第一一巻、三七二頁。
(13)同右掲書、第一一巻、四〇五頁。
(14)同右掲書、第一一巻、四三九頁。
(15)同右掲書、第一〇巻、四八〇頁。
(16)同右掲書、第一〇巻、二四一頁。
(17)同右掲書、第一〇巻、四七一、五五七、五五九頁。
(18)同右掲書、第六巻、一九六五年、一一六頁。
(19)道元『正法眼蔵』四、生死の巻、岩波文庫、四六七〜四六八頁参照。
(20)『西田幾多郎全集』第八巻、一九六五年、三〇六頁。
(21)同右掲書、第八巻、三〇六頁。
(22)同右掲書、第八巻、三〇〇頁。
(23)同右掲書、第八巻、三〇二頁。
(24)同右掲書、第八巻、三七三頁。「行為的直観」は、西田の『善の研究』での「純粋経験」が自発自転的に展開された「場所」の直接化されたものであると理解されている。

（25）同右掲書、第八巻、一五二頁。

（26）同右掲書、第八巻、一五三頁。

（27）「歴史的実在の世界」は、『善の研究』での「純粋経験」の世界が広められ、深められた立場（『西田幾多郎全集』第一巻、七頁参照）。

（28）『西田幾多郎全集』第八巻、一三九頁。

（29）*Greek-English Lexicon*, Compiled by H. G. Liddell & R. Scott, 1968, Oxford: At the Clarendon Press, p.1157.

（30）Vgl. *Die Religion in Geschichte und Gegenwart*, dritte Auflage, 4. Band, 1960, J. C. B. Mohr(Paul Siebeck), Tübingen. S.1237-1262. また次の項目を参照。『宗教学辞典』小口偉一、堀一郎監修、東京大学出版会、一九七三年、項目「神秘主義」（上田閑照著）四三六〜四四三頁。更に、以下の書を参照。『岩波哲学思想事典』岩波書店、一九九八年、八三七〜八三八頁。

（31）「ガラテヤの信徒への手紙」２・20参照。

（32）Vgl. M. Eckhart, *Die deutschen und lateinischen Werke*, hrsg. im Auftrage der Deutschen Forschungsgemeinschaft, Die deutschen Werke, 5. Bd., (Meister Eckharts Traktate), S.402-413.

（33）Op.cit., S.404-405.

（34）Op.cit., S.402.

（35）Op.cit., S.423,425.

（36）Op.cit., S.426.
（37）Op.cit., S.427.
（38）Op.cit., S.428.
（39）「マタイによる福音書」5・3。
（40）M. Eckhart, *Die Deutschen Werke*, Bd. II, Predigt 52, S.727.
（41）Vgl. op.cit., Bd. II, Predigt 52, S.729.
（42）Vgl. op.cit., Bd. II, S.76.
（43）Vgl. op.cit., Bd. II, S.731.
（44）Vgl. op.cit., Bd. III, S.267.
（45）Vgl. op.cit., Bd. 1, S.72.
（46）Vgl. op.cit., Bd. II, S.11.
（47）Vgl. op.cit., Bd. I, S.357.
（48）Vgl. op.cit., Bd. I, S.361.
（49）Vgl. op.cit., Bd. I, S.368.
（50）Op.cit., Bd. III, S.431.
（51）Op.cit., Bd. III, S.223.
（52）Op.cit., Bd. III, S.223.
（53）『西田幾多郎全集』第八巻、八六頁。
（54）同右掲書、第八巻、一五三頁。

(55) 同右掲書、第八巻、一五三頁。
(56) 註15を参照。
(57) Vgl. M. Eckhart, *Die Deutschen Werke*, Bd. I, S.361.
(58) 註55を参照。
(59) Vgl. M. Eckhart, *Die Deutschen Werke*, Bd. III, S.267.

第Ⅱ部　「まこと」への道

第一章 「己事究明」の現象学——ニヒリズムの克服の道——

はじめに

今後数年で、キェルケゴールの生誕以来はや二〇〇年以上となる。キェルケゴールは、一般的には、ルター（Martin Luther, 1483-1546）によって自由化されたキリスト教の世界に、再度カトリック的な秩序を回復させたとも言われている。彼の当時における教会闘争や亜流ヘーゲル学者たちへの批判等がそれをよく示している。その当時のキリスト教は、社交界に出入りするための帽子のリボンとか靴の美しい紐のように見られる程に、世俗化を通り越して世俗主義へと堕落の一路を辿っていたからである。

キェルケゴールは、そのように堕落の一路を滑り降りるキリスト教会やその当時の西欧の世界に対して、個の実存段階における「己事究明」の道を示したと理解できる。キェルケゴールに至る迄の人間の個は、生まれながらの「自我」として生きてきていた。「生まれながらの自我」は、自ら以外のすべてを対象化する。つまり、自らの主観（subject）に対してそれ以外の一切を客体（object）としていわば鳥瞰図的に観察するような、「主観―客観―図式」を基礎として生きて行く個体としての「自我」として。したがって、自我は、この宇宙ないし世界のいわば単に絶対の中心となって生きているとも言える。

古代ギリシア哲学以来二千五百年以上も生き続けてきた、他に対して閉塞的なこのような「自我」に対して、キェルケゴールは、人間の個の「実存」の側面を開示した。「実存」とは、たといキェルケゴールがそれを自覚していなかったとしても、他者に心の内を見せない自らの内にのみ閉塞した「自我」の殻が破れ、ハイデガー（Martin Heidegger, 1889-1976）も指摘するように、その語源（ek-sistere）から「存在すること」の「外へ」という意味において、「脱自存在」と、つまり、自らの「自我」の外へ出て生きることを意味する。つまり、ティリッヒ（Paul Johannes Tillich, 1886-1965）も語るように、例えば、「渦巻きとは何か」を知るときに、安全な舟の上から渦巻きを対象化して見るのではなく、渦巻きの中に直接自らが入って「渦巻きとは何か」を経験する生き方である。この生き方は、キェルケゴールの諸著作に詳論されているように、「不安」や「絶望」あるいは「退屈さ」から逃れ切れない生き方である。

無論、キェルケゴールにおいては、「自我」が破れた「脱自存在」としての「実存」において、経験のみが重視されているわけではない。彼においては、人間の個のあり方が、彼の二十八歳での学位論文である『アイロニーの概念について、たえずソクラテスを顧みつつ』以来、『哲学的断片』（一八四四年）、『不安の概念』（一八四四年）、『哲学的断片への完結的、非学問的なあとがき』（一八四六年。以下、『あとがき』と略記）、『愛のわざ』（一八四七年）等々で、経験を底に超えた、経験と理論との次元のいわば根源から人間の実存のあり方が究められようとしている。

キェルケゴールの哲学、就中宗教哲学は、『あとがき』の副題の一部にもなっているように、「非学問的」（unwissenschaftlich）であり、ヘーゲル哲学のように客観的に「学問的」（wissenschaftlich）ではない。しかし、前者の「非学問的」は、自我の観点からの「学問的」と「非学問的」の根源のレベルの特徴としての「非学問的」である。つまり、「学問的」に対立する「非学問的」ではない。したがって、「学問的」と「非学問的」なあり方がそこから生まれ出てくるような、いわば両者の根源という意味で「根源的」と言う方がキェルケゴールの実存思想にはふさわしいと考えられる。キェルケゴールでは、このような根源的な次元から、「学問的」であると同時に「非学問的」な人間の脱自存在としての「実存」の「己事究明」の道が示されようとしていると考えられる。

ところで、キェルケゴールの時代には、ニーチェ（Friedrich Wilhelm Nietzsche, 1844-1900）によって明らかにされた「ニヒリズム」は、一般的には未だ人々によって明確には自覚されていなかった。ニヒリズム（虚無主義）とは、極く簡単に一般化して言うと、ニーチェによって明らかにされたように、この世界や個において生き抜かれる意味、意義、目的、価値が無くなり、一切が、無意味、無意義、無目的、無価値になると見なされて生きることを意味する。一切が空虚で、虚無であり、何事によっても満たされることも満ちることもなく、空虚さの中で生きることを意味する。このような「空虚さ」の中では「生」の哲学が生まれた。しかし、ニーチェが「神は死んだ」と語って以来、キリスト教の神が見失われた「生」の哲学においては、「生」を支えるものは何もなく、あるのはただ底なき「深淵」のみであった。この深淵で生き抜くことは、ニヒリズムの世界から脱却することを意味する。この脱却の道を見出すことは、勿論容易ではない。「ニヒリズム」の世界は未だ明確には自覚されていなかったとは言え、キェルケゴールでは、キリスト教は、世俗化を超えて世俗主義に陥って行く世界が、己事究明によって克服されようとしていたと理解できる。キェルケゴールによって示された、退屈や不安や絶望の自覚による「己事究明」の道は、現代におけるニヒリズムからの再生の道として大いに力を発揮すると考えられる。

しかしながら、二十一世紀初頭に生きる私たちは、単に絶対の人格で実体としての神に対する信仰に戻る道を、もはや歩むことができない。現代においては、キリスト教の神といえども、人格的な神と非人格的な神との根源に開けている「開け」としての神、つまり、「絶対無の神」として理解され、絶対無の神が核心となる「己事究明」の道が探求されることになる。そこで、ここでは、「絶対無」の神が核心となる「己事究明」の道が宗教哲学的に究明される。

一　思考の「場」（ないし「枠組み」、「開け」）としてのパラダイム

生活や文化や学問等のあらゆる分野においてグローバル化してきた現代においては、洋の東

西を問わず妥当する宗教や思想や哲学の基礎となる「場」（＝枠組み、開け）としてのパラダイムが不可避的に必要となる。そのようなパラダイムの一例としては、以下の五つが挙げられる。即ち、

①相対有（relative being）
②相対無（relative nothingness）
③絶対有（absolute being）
④虚無（nihil）
⑤絶対無（absolute nothingness）

の五つが。

これら五つの思索の場としてのパラダイムは、西欧の哲学史を概観してみると、各時代や各生活の、また各宗教・思想・哲学等の思考における「場」としての基礎となっていることが分かる。

①相対有（relative being）のパラダイム

宗教、思想、哲学等における思考の枠組みとしてのパラダイムが「相対有」である場合は、思考の「場」は「相対有」となっている。つまり、思考の基礎としての「場」は、時と共に朽ち果てて行く、この現象界の範囲内に留まっている。このパラダイムが絶対視されれば唯物論となる。しかし、絶対視はされないとしても、このパラダイムでの思考は、単に科学的・技術

的となり、人間の個における深い自覚は回避されてしまうことになる。このパラダイムは、人間の個の思索に初段階としては不可欠の場ではあるが、「相対有」のパラダイムでの真の力が発揮され得るのは、後述の「絶対無」のパラダイムから発するアガペーとしての愛や慈悲によって裏打ちされることによって初めて可能と考えられる。相対有のパラダイムは、時代的には、古代ギリシアのソクラテス以前の自然哲学や、その後の西欧の哲学史においても、精神性を等閑視した「単なる科学哲学」において、今日に至るまで継続してきている。また、現代に近いところでは、十七世紀のベーコン（Francis Bacon, 1561-1626）以来の単なる自然科学的思惟を基礎とした科学的思想が代表的なものとして挙げられ得よう。

②相対無（relative nothingness）のパラダイム

宗教、思想、哲学等の思考の場が「相対無」である場合は、思考の基礎としての「場」は、個の自覚段階で言うと、キェルケゴールが語るような、水深八〇〇〇丈（約二四二四〇メートル）の表面の薄氷の上に生きる実存の自覚にある。この段階では、そこから起因する不安、絶望、退屈等を回避しようと気晴らしにあるいはその逆にそれらを克服しようとして自覚的な情熱に生きようとする。パラダイムのこの段階では、不安や絶望等は、単に科学的・技術的には解決され得ない。何故なら、不安や絶望等は、科学的・技術的には客観化、抽象化、記号化できないからである。特に実存の不安は、例えばキェルケゴールも語っているように「可能性に先立つ可能性としての自由の現実性[1]」としての不安の「無」として、先のパラダイムの「相対有」の裏面としての「相対無」であり、対象化され得ないからである。ハイデガーも『有と時』（*Sein und Zeit*, 1927）の中で述べているように、キェルケゴールのこのような不安の理解は、空前絶後の深い理解であると言える。先に述べた、ティリッヒの語る、正に不安の「渦中」からの、理論的のみならず自らの経験からも出て来ている深い理解である。

つまり、キェルケゴールに代表されるような「相対無」の「場」での思考は、約二千五百年間続いて来た「相対有」や次に述べる「絶対有」あるいは「虚無」のパラダイムでの思惟を反省ないし予感しての人間の個における「自我」から「実存」への「己事究明」の出発点ともなっていると理解されることができる。無論、ソクラテスは、「汝自身を知れ」と「無知の知」の端緒を開いたが、古代ギリシアにおいては、「個」の概念内容として個人や「種」の概念内容としてのグループ、社会、国家等ではなくして、「類」の概念内容としての人類や普遍概念[2]が重視されていた。絶対の人格的な神にも対峙し得る「単独者」（der Einzelne）としての人間の個が露わにされ得たのは、キェルケゴールの実存思想において初めてであった。しかし、神と同等の自由な人間の個が露わになるのは、人格的な神と非人格的な神との根源に開けている、後述の「絶対無」のパラダイムで初めて可能である。そこでは、精神性と物質性、一と多、等々の一切の二極性が出現してくる源である、根源的な「いのち」の「場の開け」でもある「絶対無」のパラダイムが生きている。

ところで、思考の場が「相対無」である思想や哲学等では、キェルケゴール以外にも、カフカ（一八八三〜一九二四）やカミュ（一九一三〜一九六〇）等が挙げられるが、ここでは、詳論することができない。

③絶対有（absolute being）のパラダイム

宗教、思想、哲学等における思考の枠組みとしてのパラダイムが「絶対有」である場合は、思考の土台としての「場」は、この現象界をいわば上方へ超越した、絶対的な人格としての、たとえば伝統的、正統的なキリスト教の神や古代ギリシアの哲学者であるプラトンのイデア論やヘーゲル哲学での絶対理念としての神が代表的なものとして挙げられる。しかし、古代ギリシアのプラトン哲学以来ヘーゲルに至るまでの西欧の伝統的な主流の形而上学としての哲学を基礎とした西欧文化は、ブルトマン（Rudolf Karl Bultmann, 1884-1976）も指摘したように、イデア論を核心としたプラトン哲学と絶対的な人格神を核心としたキリスト教を二本の柱としている。したがって、プラトン以来ヘーゲルに至る約二千百年の西欧の哲学的、宗教的思考は、絶対有のパラダイムを基礎としていると考えられる。

しかしながら、絶対有としての実体的（substantial）神や絶対有としての実体的な、原型（イデア）（idea）、本質（ウジア）（ousia）、形相（エイドス）（eidos）等の諸理念は、正に実体的であるということによって、相対有、相対無、虚無のパラダイムにおける各々の立場を、自らの絶対有のパラダイムの立場の否定の否定という二重の否定を通して、愛と慈悲で裏打ちして生き返らせることは、容易ではないと考えられるのである。

勿論、それが例外的に可能である場合もある。例えば、新約聖書のフィリピの信徒への手紙二章七節に語られているような神の自己空化（kenosis）では、キリスト教の絶対有としての神が、自己空化を遂げて人類の「律法と罪と死」からの救済を実現しようと試みている。しかし、このように自己空化するキリスト教の神も、絶対有であると同時に絶対無の神でもあると理解されない限り、人間の個と「一」であるとは、つまり、「神が私で、私が神」であるとは理解され難い。というのも、自己空化する神といえども、実体的な神である限り、究極的には人間の各人の自由は、実体的な神によって根拠づけられると考えられるからである。しかしながら、人間の自由は、後述の「絶対無」のパラダイムにおいては、「絶対無の神」の自由と「一」なる自由として成就される点で、絶対有のパラダイムにおける人間の個の自由とは、相違する。しかも、「絶対有」の神や絶対有の理念は、ニーチェによるその否定以来、生きた力として働き得なくなっている。

ところで、「絶対有」のパラダイムがくずおれると、現象界を下方に超えた深淵から虚無が露わとなってくる。この虚無の出現は、キェルケゴールの実存の自覚から語られるならば、人間の個における「聖霊に逆らう罪」[3]としての悪魔的な絶望とも見なされ得る。この意味において、キェルケゴールにおいても既に思考における虚無のパラダイムが予感的にではあるが、示されているると理解できるのである。

④虚無（nihil）のパラダイム

宗教、思想、哲学等における思考の枠組みとしてのパラダイムが「虚無（ニヒル）」である場合は、上述のように既にキェルケゴールにおいて垣間みられた。しかし、典型的にはニーチェに見られる。実体としての絶対的な人格神や絶対の理念が、現実の世界での生きた働きの力を失い、現実の世界に生きるものとの命の通った関係を喪失するときには、実存は底なき深淵で裸の「生」（life）のまま生きざるを得ない。そこでは、自我の殻が破れた脱自存在としての実存は、何らの支えもない深淵に浮かぶ「生」の自覚に深まって行く。しかし、深まって行くとは言え、絶対的人格としての神が坐し給うた絶対理念としての神が占めていた席は空虚となってしまっているために、「生」は生きる力、意味、意義、目的、価値等を見失ってしまった。そこで、それまでのキリスト教やプラトン以来の西欧の伝統的な形而上学としての主流の哲学において形成されてきた諸価値の体系も、ニーチェにおいてのように転倒するに至ってしまった。キリスト教でそれまで最高の徳目とされてきた「誠実さ」（Wahrhaftigkeit）は弱者の道徳として最下位に退けられ、本能的な快楽が最高に位置づけられることになってしまう。

さて、ニヒリズムが克服され得る道は、種々様々に存するであろう。ニーチェにおけるように、ニヒリズムをニヒリズムによって生き抜くことにより、つまり、同じものが永劫に回帰する（die ewige Wiederkehr des Gleichen）この世界において生きる「力への意志」で自らの運命を愛する（amor fati）運命の主となって生き抜く道もニヒリズムを克服する一つの道であろう。またこの克服の道は、「芸術の道」として、あるいは「詩歌の道」としてというように、限定された道が生き抜かれることによっても可能であろう。しかし、ここでは、ニヒリズムの克服の道は、宗教哲学的に身心一如（しんじんいちにょ）の自覚、対話そして「絶対無」のパラダイムを核心とする「己事究明」による道から究明が進められる。というのも、二十一世紀初頭の、エイズや鳥インフルエンザや豚インフルエンザの蔓延（まんえん）に苦悩し、環境汚染や人口増加による食糧不足あるいは核兵器所有国の増加によって日増しに増大する地球の砂漠化の危機に瀕しながら生きる現代の人々は、正にこのような形で訪れてきているニヒリズムが克服される道を求めていると考えられるからである。

ところで、イギリスのベーコンが「知は力なり」と語って、経験を重視して帰納法を提唱し、心身一如の知恵ではなくして、単に客観化、抽象化、記号化した知識としての知が偏重され始め、更に十八世紀後半のイギリスの功利主義的な産業革命以来今日に至る迄、カントによって徹底化した主観―客観―図式を基礎とした、利益や効率を目指した計算重視の単なる科学・技術の世界が、進歩のみを目標として疾駆して来た。しかしその結果は、ニヒリズムに陥ることであった。ニヒリズムの起因には、一般的には二つの事柄が考えられるであろう。一つは、ハイデガーの指摘するような「有そのもの」（das Sein selbst）の性起（Ereignis）からの命運（Geschick）としての存在（有）―神―論（Onto-theo-logie）(4) の当然の結果として。もう一つは、現実のこの世界の歴史における単に客観的な科学・技術が偏重される歴史の流れの結果である。しかし、ここでは、現実の歴史においては、両者は同一の根源から発しているという考察から論究が進められる。というのも、ここでは、ハイデガーにおけるように、「有そのもの」からではなく、「絶対無」のパラダイムから考察されようとしているからである。ハイデガーでの「有そのもの」は、「絶対無」に非常に類似しているとは言え、未だ幾分実体性の残滓が見られるのである。その一例としては、ハイデガーでは、人間の実存としての現存在は、「有そのもの」の牧人（ぼくじん）と見なされていて、「有そのもの」と——将来的には同一的になると理解されるのであれ、絶対矛盾的自己同一的と考えられるのであれ——「一」であると理解されるには至っていないことが挙げられる。

⑤絶対無の（absolute nothingness）パラダイム

宗教、思想、哲学等における思考の「場」としてのパラダイムが「絶対無」である場合は、哲学としては西田哲学に初めて見出される。西田哲学での「絶対無」は、上述の四つのパラダイムでの有や無や虚無のレベルを超脱している。上述の「相対有」と「相対無」は、相互に表裏一体になっており、一方は、他方あっての一方である。また、「絶体有」は、「自己空化」が成就されても尚、自らの立場としての実体性が幾分か残存しているために、人間の個の「実存」ないしは「生」と根源的に「一」である場の開けは完全には開けていないと考えられるのである。また、思考の「場」としてのパラダイムの「虚無」は、空っぽという意味で空虚さを示している。絶対の理念あるいは絶対の人格としての神も消え失せてしまった「空っぽ」の「玉座」を示す。人間の個の「実存」や「生」を支える如何なる基盤もない「空っぽ」の「深淵」（abyss, groundless ground）を示している。

上に示した相対有、相対無、絶対有そして虚無という思考の場としての四つのパラダイムに共通な点は、いずれのパラダイムも自らのパラダイムで成り立つ立場を絶対視し、他のパラダイムでの立場を等閑視することである。

それに対して、思索の「場」ないし「開け」であるパラダイムの「絶対無」は、上記のパラダイムのいずれとも相互に相対的に関係するのではなく、上記の四つのパラダイムを包摂し、かつそれら四つのパラダイムでの立場を神的愛（アガペー）や慈悲によって生かす。というのも、パラダイムの「絶対無」では、パラダイムの「絶対有」に単に対立する概念内容ではなく、「絶対の否定性」が意味されているからである。つまり、一切の実体性が、したがってまた自らの立場の実体的な絶対化すらもが否定されることが意味されているからである。絶対の否定性を意味する思索の「場」ないし「開け」としてのパラダイムは、「愛（アガペー）」や「慈悲」の立場であるが、この愛（アガペー）や慈悲の立場は、実体化されることも、絶対視されることもなく、自らの立場としては否定される。しかし、「絶対無の立場としての愛（アガペー）や慈悲が否定されると、絶対無の立場は零に帰す。しかし、零に帰しては、一切は再び否定されることになる。そこで、零に帰した「絶対無」の立場は再び否定される。すると、この二重の否定作用からは、愛（アガペー）と慈悲が自ずから然る仕方で迸り出てくる。しかし、この愛（アガペー）や慈悲が実体化、絶対化されることは常に否定される。したがって、思索の「場」ないし「開け」としての「絶対無」のパラダイムにおいては、常に自らの立場の絶対の否定性が、内在的に見れば、無限に繰り返されて行くことになる。また、「絶対無」のパラダイムから見られるならば、この否定性は留まることなく時空を絶した絶対のレベルで永続されて行く。

　思考の「場」としてのパラダイムである「相対有」「相対無」「絶対有」そして「虚無」は、思考の「場」であるばかりではなく、無論同時に思索へと進められて行く「開け」でもある。しかし、それは未だ限られ、限定された「開け」である。それに対して、「絶対無」のパラダイムは、内在的に表現されれば「無限に開けた」開けであり、「絶対無」のパラダイムから表現されるならば、現象界には限られることのない「開け」である。換言すれば、根源的な「いのち」の場である。つまり、パラダイムの「絶対無」は、「絶対の無限の開け」としての、絶対の否定性の思索の場であり、枠組みなき枠組みであり、時空によって限られることのない「開け」である。

　以上のように、自らの立場を絶対視、絶対化、実体化することのない、思索の「場」ないし「開け」としてのパラダイムの「絶対無」は、絶えざる自らの立場の否定において、他の四つのパラダイムにおける各々の立場を愛（アガペー）や慈悲において、常に新たに生かし続けようとする。哲学の概念としての「絶対無」は、先述の日本の最初の独創的な哲学者である西田幾多郎によって提唱された。しかし、この「絶対無」の概念は、西欧でのこれ迄の思考の場としての四つのパラダイムを包摂し得る故に、二十一世紀初頭のニヒリズムの克服の一つの道として、極めて適切な道の基礎となると考えられるのである。

二　自覚による「己事究明」の現象学

上記の論述から、自覚による「己事究明」は、人間の個における「自我」から「実存」へ、「実存」から「生」へ、「生」から「真の自己」へという展開となっていることが分かる。人間の個における、このような真の自己への展開は、自覚（self-awareness, Selbst-gewahren）によって遂行されて行く。この展開は、人間の個においてのみならず、先に見たように、人類の各時代の歴史の上でも、妥当している。無論、「自我」「実存」「生」そして「真の自己」という順序正しさでこの歩みは進められる訳ではない。飛び越し等の様々の例外は存在してきたし、今後も存在するであろう。しかし、例外は別として、人類の歴史上の「世界の自覚」の諸段階の発展上においても、人間の「個の自覚」の諸段階の発展上においても、この歩みは一般的に妥当する。例えば、閉塞的な利己的「自我」に生きていても、愛や死の出来事等においては、自我の殻は破れ、脱自存在としての実存へと開かれて行く。しかし、実存段階での不安の無等に打ち拉がれて、瞬間的にではあれ、虚無の深淵に襲われると、典型的な例を挙げれば、先にも述べたように、一方では、ニーチェ的に運命の主になって運命愛による、生きる「力への意志」で「永劫回帰」のニヒルの世界がニヒリステックに耐え抜かれ、克服されようとする場合も考えられる。また、他方では、虚無的な世界を底の底まで潜り、経験し尽くすことによって、真の自己に目覚めたいという自覚に目覚める道も可能である。

ここでは、これらのうちの第二の「自覚」による「己事究明」の道を通して、ニヒリズムの克服の道が究明される。さて、先の人類の歴史上の「世界の自覚」の諸段階の発展上では現代は、折しも虚無のパラダイムで成り立っている。ところで、西田哲学においても、「自覚」は「自己の自覚」と「世界の自覚」との両者から成り立っており、両者は根源的には――たとい「絶対矛盾的自己同一的」と概念化されようと――「一」に成り立っている。現代は、ニーチェが予言したように、正にニヒリズムの時代である。特に、二〇〇一年九月十一日のアメリカのニューヨークの世界貿易センター（World Trade Center）を中心とした同時多発テロ以来、世界はニヒリズムの底なき底へと沈みつつある。この流れの速度は、アメリカのサブプライム問題の住宅資金援助に端を発する金融危機や更にはメキシコからの鳥と豚と人間の風邪のウイルスの相互感染による新型インフルエンザの流行等を経て、いや増しに拍車が駆けられている。つまり、歴史上の時代における世界の自覚は正に「虚無」なのである。

また、現代の人々の個の実存における思考の場としてのパラダイムは、正に「虚無」である。二〇〇一年九月のニューヨークを中心とした無謀な同時多発テロで親族や友人を亡くした人々は、どんなに修行を積んだ人であれ、ニヒリズムに陥らざるを得ないであろう。また、広島や長崎で原爆に被爆した人々やその関係者、あるいは東南アジアやアフリカで食糧不足で他界して行く子供さんたちの関係者たちは、底なき虚無に陥らざるを得ないと理解される。更には、豚インフルエンザや新型インフルエンザの世界的流行でマスクを掛け手洗いやうがいに懸命となる現今の人々は、この状況を、単なる科学・技術のみを信頼して、合理化と計算に基づく生活の結果と自覚し始めているのではないであろうか。そして、どうしたら本来的な人間のあり方、人間の姿で生き得るかを熟慮し始めていることが看取できるのではないであろうか。つまり、どうしたら、このようなニヒリズムのどん底から、人間の本来的な生活へと這い上がれるのであろうかと、個としての単独者のレベルでも世界のレベルでも、地球上のあちこちで政府レベルや個人レベルでの対話が進められていることが看取されるのではないであろうか。

そこで、第二節では、個の自覚段階である「自我」「実存」、虚無的「生」そして「真の自己」とそれらを包摂する形でそれと「一」になっている「世界の自覚」のレベルとでの「自覚」が考察される。しかも、根源的につまり、思考の場としての相対有、相対無、絶対有、虚無のパラダイムやこれらのパラダイムでの各立場もが包摂される「絶対無」のパラダイムから考察される。

1、自覚

ニヒリズムの克服の道は、ヘーゲルにおけるような単なる思弁が核心となっている哲学に対しての、例えば、ホワイトヘッド（Alfred North Whitehead, 1861-1947）のように「感じ」（feeling）が核心となっている有機体の哲学（organic philosophy）や種々の宗教によっても可能であろう。しかし、ここでは、キェルケゴールに始まり、更に日本の西田哲学、田辺哲学、西谷哲学によって深められた「自覚」によってニヒリズムが克服される道が宗教哲学的に究明される。したがって、本章は、「己事究明」の宗教哲学的現象学によるニヒリズム克服の究明である。例えば、ハイデガー著の『有と時』の方法論は解釈学的現象学であると彼自らによって語られている。それに対して、本章の方法は「自覚」を基礎とした「宗教哲学的な己事究明の現象学」である。ここでの「宗教哲学的」とは、宗教を核心としながら宗教を哲学的（反省的）に考察しながら論究されることである。また、宗教とは、ここでは、西田哲学やホワイトヘッド哲学にも見られるような「誠（まこと）」、世界と人間の身心（しんじん）一如の個との「一」なる誠に生きる「いのち」が意味されている。したがって「宗教哲学的」とは、ここでは、「世界の自覚」と「自己の自覚」とが「一」である「いのち」から迸（ほとばし）り出てくる「誠」が哲学的に考察されることである。「自己の自覚」によるニヒリズムの克服は、キェルケゴールやティリッヒ等によって、深く広く究明されてきているが、「世界の自覚」と「一」に成り立っている「自己の自覚」による道は、西田哲学以前には、明確には示されているとは言い難い。「自己の自覚」は、先にも見たように、他者に対して閉塞的な「自我」から、脱自的な「実存」へ、そして「実存」から虚無的な「生」における虚無の深淵へと深まり、広げられて行く。

さて、「自己の自覚」と根源的には「一」に成り立っている「世界の自覚」でのパラダイムは、古代ギリシア哲学以来ヘーゲルに至るまでは、相対有と絶対有であり、そこでは「自我」において一切は鳥瞰図的に対象化され、いわば観察されていた。しかし、ヘーゲルに対峙して開示されてきたキェルケゴールの実存思想以来、ニーチェによって代表される「生」の哲学が世界に浸透するまでは、「世界の自覚」は、「相対無」のパラダイムに生きる「実存」に存していた。しかし、ニーチェ以降現代に至るまでの「世界の自覚」の思考の場としてのパラダイムは「虚無」であり続けている。

キェルケゴールによって、人間の個における「自己の自覚」が開示され、更にこの「自己の自覚」が根源的には「世界の自覚」と「一」に成り立っていることが、明確には西田幾多郎によって明らかになった。そして、「自覚」は、現代の世界においては、「虚無」のパラダイムにおいて成り立っていることが、ここまでの論究で明らかとなった。その結果、現代においては、「自己」においても「世界」においても、ニヒリズム克服の道が、事実的にも理論的にも、「自覚」に求められている。しかし、ここで見落とされてはならない事柄は、「自己の自覚」と「世界の自覚」とは、「自己の自覚」の場が「世界の自覚」の場であらざるを得ないのであるから、「世界の自覚」の「場」としてのパラダイムの「相対有」「相対無」「絶対有」「虚無」という自覚の「場」は、個においては、順次、「自我」「実存」「自我あるいは実存」そして「生」の自覚として露わになっていることである。そして、世界の自覚での各パラダイムの自覚は、個の各自己における自覚の諸段階での自覚の現象である「自我」「実存」「自我あるいは実存」そして「生」として露わとなってくるが、両者は根源的には「一」であることである。

2、己事究明

用語の「己事究明」は、夏目漱石（一八六七〜一九一六）が小説『門』（一九一〇年）の中で、専一に「己事を究明する」と書いていることに発すると考えられる。しかし、「己事究明」は、西谷宗教哲学の核心となっている。鈴木大拙監修・西谷啓治編の『講座禅―第一巻　禅の立場』（一九六七年）では、それが明白である。西谷宗教哲学における禅の立場としての「己事究明」も、ニヒリズムの克服の道として考えられている。

ところで、「己事究明」の事柄は、中国の南宋時代の廓庵禅師の「十牛図」や華厳宗の「因陀羅網」の喩え等によって説明され得る。前者によっては既に多くの試みがなされてきている。そこで、ここでは、後者の「因陀羅網」の喩えによる「己事究明」の道が究明される。(5)

華厳の「因陀羅網」とは、帝釈天の宮殿にかけられた網であり、この網の一々の編み目にはすべて宝珠が嵌め込まれ、その一々の宝珠には他の一々のすべての宝珠の影が相互に映されていて、相互に無限に交錯しながら映し合っているという。この喩えは、森羅万象における「一即一切、一切即一」の思想を核心としている華厳宗の「事事無礙法界」(6)のあり方や、華厳宗でしばしば使われ、森羅万象の一々の相互の限りない関係性によって「一」に成り立っている世界のあり方を示す用語としての「重重無尽」の映し合いを露わにすると理解されている。

　さて、もしこの喩えが帝釈天の宮殿に掛けられている網としてだけではなく、この喩えの拡大解釈により、現実の宇宙や世界が無限で絶対の立体的な球としての網と考えられ、そこでの森羅万象の一々が編み目の宝珠と理解され得るとするならば、「己事究明」の事柄はどのように理解され得るであろうか。この喩えの拡大解釈においては、「己事究明」の事柄は、次のように語られ得るのではないであろうか。

　最初は人間の個の宝珠としてのあり方は、他のいずれの宝珠の影をも映し得ない不透明な自我の固まりとしての宝珠である。しかし、他の宝珠との相互の映し合いの中で、愛（アガペー）や慈悲の影に触れたりあるいは他者の影との出会いや対話や、動植物との触れ合いによって種々の方向へと促され、更に芸道や宗教上の修行により自我が破れ、脱自的な実存へと転換すると考えられる。しかしながら、人間の個が実存でのキェルケゴールの所謂「不安の無」から実体的な「絶対有」の神に戻り得ない、あるいはそこまで到達し得ない実存は、虚無の底なき底へと限りなく沈んで行くことになる。ニーチェの「神の死」の宣言にも拘わらず、その神に頼れる人々は、その自覚の段階で魂の平安が得られるであろうから、それはそれで良いかも知れない。しかし、二十一世紀の現代に生きる殆どの人々、特に若人たちは、曾ての実体的な神仏を信じることができない。その結果、現代では、世界も個も共に虚無の深淵へと引き込まれようとしている。このことは、私たちの日々の生活の中での、森羅万象との相互の映し合いの中で、私たちの一人ひとりが思い知らされている事柄である。地球環境が悪化し、緑が枯渇して行くときには、それが映される私たち一人ひとりの「生」における心も干涸びている。また逆に、私たちの一人ひとりの「生」における心が虚無のうちで干涸びて行くときには、その自らの姿が映る他の一々の宝珠も干涸び始めて、光沢を失い始めていることに気付かされる。この状況が、正に現代の世界状況である。つまり、全体としての世界の、そしてまた同時に個的なものの姿でもある。そのような状況の中での今こそ、世界も個も、その真のあり方を求めているのではないだろうか。因陀羅網の網の目での宝珠に映る宇宙や世界の各々の姿が、余りにも貧しい姿であることに、誰もが気付き始めているのではないであろうか。そして因陀羅網自体も今やこのような状況の中で凋み始め、今にも倒れそうであることに、少なくとも身心（しんじん）一如に生きようと試みる人々は、気付き始めているように思われるのである。世界的な金融危機をめぐっての世界的規模での協力や、アメリカの有色人種としての初めての大統領の出現や、核兵器の縮小の試みや戦争の回避への努力等々は、世界の崩壊が食い止められようとしている兆しと理解され得るのである。

以上、因陀羅網の喩えによる「己事究明」の拡大解釈は、パソコンの普及している現代では、パソコン上でのインターネットのあり方で縮図的にもっと簡単に理解されることも可能であろう。その方が、インドの神とか仏教の神に限定されずに、現代の若人たちには遥かに分かり易いであろう。事実、欧米や日本の宗教学者たちや老師たちの間では、現代のインターネットが現代の因陀羅網であると考えている人も少なくない。私自身も早くからそう理解している。しかし、現代は、「世界の自覚」も個の「自己の自覚」も身心一如の思考の場であるパラダイムが一般的には未だ「虚無」であるので、インターネットに起因する危険さも、言うまでもなく絶大である。インターネットを廻ってての、殺人にまで及ぶ諸々の犯罪が、日増しに蔓延り始めていることは、誰の目にも明らかである。

しかし、例えば、現代の最悪の兵器ともなる原子力は、その反面電力や医学等々における人類の安寧のために大いに役立っていることも事実である。また、同様にインターネットも世界の相互の有益な情報交換にも大いに貢献し、学問上の様々な発展にも寄与し、さらには先進国と発展途上国との、あるいは都市と地方等々における情報等々のあらゆる格差も徐々に解消され始めている。科学・技術上の発展に伴う長所も短所も共に、人間の知的好奇心に発している。しかし、人間の知性は情意と「一」に発展することが肝要である。勿論、カント（Immanuel Kant, 1724-1804）によって、「真理」を求める知の働きとしての悟性（＝理論理性）と、「善」を究める意志の働きとしての狭義の理性（＝実践理性）と、「美」を求める感情の機能としての「判断力」とが分離され、「広義の理性」の働きが三領域の働きに分けられたことは、哲学史上の大いなる貢献であった。しかし、それ以前の、西欧の主流の伝統的な形而上学としての哲学が、知情意の働きの内で身体を等閑視した「知性」のみを偏重してきたことが考えられると、知情意の分析のみならず、観念の領野と経験の領野が常に同時に身心一如的に考察されなければならないと考えられる。そのためには、西田哲学やホワイトヘッドの有機体の哲学におけるように、知情意が「一」である根源から、したがって、むしろ情意が根本的な基礎となって、その上に「知識としての知」のみならず、身心一如の「智慧としての無知の知」が築かれるべきであると考えられるのである。知情意が「一」であるような、そのような根源は、例えば、西田哲学では「純粋経験」に存し、ホワイトヘッドでは、「創造性」と「多」と「一」いう究極的なものの範疇から成り立つ「新しい共生の産出」[7]としての直感を土台としての「合生」(concrescence)[8]に存していると考えられる。

3、「理論」と「実践」等の二極性の根源の「場」としての「絶対無」の「開け」

知情意が未だ分離していない、これら三者の根源からの思索の「場」(＝開け)は、「絶対無」である。「絶対無」は、西田幾多郎によって初めて提唱された。「相対有」「相対無」そして「絶対有」という思考の場であるパラダイムが、時代と共に、あるいは個の自我の成長と共に、妥当しなくなり、それらが消滅するに伴って露わになってくる「虚無」のパラダイムのいずれもが包摂される「絶対無」のパラダイムでは、例えば、カントで分離された理論理性と実践理性とがそこで統一されると考えられた判断力もが包摂され、真と善とが統一されると考えられた美も包摂され、知性と意志とが統一されると考えられた感情もが含められた一切が、実体としては無化、空化されながら包摂される絶対の二重の否定性である。つまり、自らの立場の実体化、絶対化が拒まれるところの絶対の否定性である。しかも先にも述べたように、自らの立場の否定によって生じてくる零の立場も更に否定される二重の否定性によって迸り出てくるアガペーとしての愛や慈悲によって他のすべてのパラダイムの立場が裏付けられ、生かされ、時空が超えられて、自らの立場の否定性が貫かれるという意味での絶対の否定性である。このような世界と自己のあり方は、紀元一五〇年頃からキリスト教の教父たちによって喩えられてきたという、至る処が絶対の中心であり、周辺の無い無限大の球によって説明されることができるであろう。あるいはもう少しやさしくいえば、そのような無限大の球の中に無数の大小様々な球が、つまり、自我だけで生きる極小の球、実存に開けたかなり大きな球、虚無に生きる深淵を伴った球等々さまざまに存していて、最終的に「一」の無限大の球と「一」に溶け合った全体との調和の中で、しかも自らの球の中心を失わない、因陀羅網の編み目の宝珠であり続ける「真の自己」に目覚め得ると考えられるのではないであろうか。この世に生きている限りは決して自らの宝珠が無くならず、絶対の中心でありながら、同時に「一」としての因陀羅網と「一」であるように努めるのが、現代におけるニヒリズムの克服の道と考えられるのである。因陀羅網との完全な「一」になり得るのは、各人のこの世での死において初めて可能であろう。この世での死以前には、道元が語るような、この世の生死も「仏のいのち」にすぎないような、あるいはこの世の生死はキリスト教の「神の永遠のいのち」に預かることであるというような自覚の段階には、ニヒリズムの現代においては常には到達し難いと考えられる。ニヒリズムの克服の道は、後述のように、無限大の球を形成する小さい一点に過ぎないと同時に、そのような一個の球の中心であるという意味で、個としての各人は常に、因陀羅網の宝珠としての絶対の中心であると同時に、全体の「一」としての因陀羅網が形成されている周辺上の塵のように小さい一点でしかないというあり方で生きる道と考えられるのである。

「絶対無」の場としての開けは、分離された二極性を統一する開けであるというだけではなく、元々開けていた、また開け続けている開けであり、一切の二極性がそこから出てくるような根源的な場の開けである。しかも、その場合、時空が「一」であるから、その開けは、空間的な開けであるばかりではなく、同時に時間的には「絶対現在」の「今・此処」の「場」でもある。したがって、華厳の用語を借りれば、「事」と「理」の、あるいは「現実」と「真理」の、二極性の根源である「事事無礙法界」の開けである。

三　ニヒリズムにおける己事究明

1、空虚な「虚無」と充溢の「絶対無」

「虚無」は、先に見たように、実体的な神仏や絶対理念（idea, ousia, eidos 等）が力を失い、それ以前にはいわば玉座となっていた座が空席となり、底なき底にまで口を開けた虚無（ニヒル）の深淵である。これに対して西田が提唱した「絶対無」は、他の四つのパラダイムの立場（＝限定された開け）をも包摂し、しかも絶えず繰り返される自らの立場の、先に述べた二重の否定から常に迸り出てくるアガペーとしての愛や慈悲でいつも充溢している。というのも、人間の個の思索の「場の開け」であるパラダイムの「絶対無」、つまり時空を超えた二重の否定性としての「絶対無の神」においては、自らの立場がこの宇宙や世界の絶対の中心であるのみならず、同時に常に一切の他のパラダイムで成り立っている立場を愛（アガペー）や慈悲で支え、助けなければならない周辺上の、無数にある立場の中の、単に一つの立場でしかないことが、「世界の自覚」として自覚されているからである。しかし、この場合に重要なことは、ニヒリズムの克服の問題は、構造的には、「世界の自覚」が「自己の自覚」を包摂しているが、時空内での内在的な考察の際には、「自己の自覚」から発生論的に進められざるを得ないと言うことである。というのも、「世界の自覚」は人間の「個における自覚」として先述のように「自我」「実存」、虚無的「生」そして「真の自己」として自覚されるからである。

以上のことが理解されたとして、それではどのようにして、「虚無」が克服されて、「絶対無」の開けが開けてくるのであろうか。この問題の考察に際しては、キェルケゴールの『死に至る病』の、先にも述べた、最後の部分の「悪魔的な絶望」が一つの良いヒントとなる。というのも、「虚無」の立場は、キリスト教を「悪鬼の作りごと、虚偽」と説く、聖霊に逆らう立場であると、キェルケゴールによって規定されているが、「虚無」の立場は一切の「霊性」(spirituality) を否定する立場でもあると考えられるからである。

さて、キリスト教の「聖霊」(Holy Spirit) も一種の「霊性」であると考えられる。「霊性」は、古代ギリシア哲学以来、哲学の思考の事柄であった「自然」「人間」そして「超越の次元」の各々の領野が、それぞれ相互に何らの関係の齟齬もなくなったときに、三領野の透明な「一」の関係の内から迸り出てくると、考えられる。ところが、虚無が、生きるときの土台となり、生きるときの一種の主義となっている場合には、「自然」は人間の支配下にあり、「超越の次元」は否定され、「人間」は運命の主となっていて、自然、人間そして「超越の次元」は、相互に透明な一性には成り立っていない。したがって、霊性が迸り出てきて働きだすことは不可能である。

しかし、虚無を生き抜こうとする人間の個が、たとい生きる目的、意味、意義、価値等々を喪失したとしても、人間の真の個の姿や世界の姿が、文学、芸術、己事究明のスポーツ、哲学あるいは宗教的修行等々によって、身心一如に瞬間的にではあれ、直観され得るならば、虚無から「真の自己」へと転換することが可能であると考えられる。また、対話や出会いにおいても同様のことが可能であると考えられるのである。

しかしながら、ニーチェ以後の世界や個においてもそうであったが、特に二〇〇一年九月十一日以降の世界的金融危機や地球環境汚染、地球温暖化や核兵器の所持国の増加、豚インフルエンザの流行あるいは単なる科学・技術の発展に伴う極端な合理化や計算による人間の日常生活の中では、虚無の深淵は絶え間なく私たちの一人ひとりに襲いかかり、真の「自己の自覚」に間断なく生き続けようと努力することが非常に困難であることが各人に明白になってきている。世界に住む各人の生活は、常に日々あらたに虚無的状況に投げ入れられ、日々あらゆる種類の虚無の出来事に出くわし、生きる力が削がれ続けられてきているからである。

2、「己事究明」によるニヒリズムの克服の道

二十一世紀初頭の現代においては、ニーチェ以来のニヒリズムが続いている。この場合、人々の自然を土台とした思惟や脱自的な実存を土台とした思考の場（開け）であるパラダイムは、「自己の自覚」においても「世界の自覚」においても、「虚無」へと引き込まれ続けている。思考の場としての「虚無」から「絶対無」への転換、換言すれば、個における虚無的な「生」から「真の自己」への転換は、先には、文化や芸術や己事究明のスポーツ等々や出会いや対話に専心することによって可能であることを見た。しかし、この転換は、キェルケゴール的な意味で、日々新たに「反復」（＝受け取り直し）されなければならない。何故ならば、思考の場としてのパラダイムが相対有や相対無あるいは絶対有である場合には、それぞれの場から虚無以外への転換では虚無の深淵は未だ自覚されていないが、虚無の深淵が個や世界に自覚された後に、瞬間的には「絶対無」のパラダイムに転換し得たとしても、それが永続するという保証はないからである。絶対無への転換は、ニヒリズムのパラダイムで成り立っている現代では、日々新たに反復されなければならないのである。例えば、キェルケゴールでは、「不安の無」や「悪魔的な絶望」の克服は、永遠のアトムとしての瞬間に「一切の可能性」（＝全知全能）として存するキリスト教の神を信仰することであった。また、ハイデガーにおいては、ニヒリズムの克服は哲学の始元へ

の退歩であると同時に有—神—論（Onto-theo-logie）であると見なされ得た西欧の主流の形而上学としての哲学とは別の克服の道としての、「瞬間」が核心となって成り立つ「詩歌」の道であった。更に、ホワイトヘッドや西田哲学においては、ニヒリズムの問題意識は、彼ら二人の自らの哲学への確信が強い故に、核心的には扱われてはいない。しかし、ホワイトヘッドにおいては、一切の二極性の根源的「一」が成り立つ「持続」（duration）としての「瞬間」に並んで、多から一への、actual entity の合生（concrescence）には個の内的なあり方でだけではなく、外的な自由も論究されている。後者の西田においてもまた、「ニヒリズム」の問題は核心的な問題とはなっていない。しかし彼においてもまた、「時」と「永遠」等の一切の二極性が「一」である、「自覚的一般者」や「弁証法的一般者」における「瞬間」以外に、「種」や「類」の立場によって左右される「表現的一般者」の問題も論究されている。つまり、虚無（ニヒル）が中心的問題として自覚される時代には未だ至っていなかった彼らにおいても、自我から生まれる二元性の問題や単なる科学・技術の偏重から生ずる虚無（ニヒル）の前兆としての諸問題が論究され、その克服の道が「自覚」の道によって試みられようとはしているのである。そして、同時に「真の自覚」は、容易には実現され得ないことが、究明されているのである。

その間には、日本の哲学者の田辺元（一八八五～一九六二）による「哲学の哲学による哲学の反省」としての「懺悔道としての哲学」も公刊されている。第二次世界大戦後の核兵器を廻っての様々の問題やイラク戦争を廻っての人権の問題、世界各地での政府高官たちの汚職の問題、各種の難病の問題等々、地球の滅亡に通じて行くような多種多様の、虚無（ニヒル）を思わせる世界状況の中で、たとい一瞬であれ、音楽や美術品の鑑賞中に、あるいは大自然の中で霊性が目覚めてくる中で、人間の個に「絶対無」の開けが開けてくるようにと、各人が日々の「己事究明」の道を歩むことによって、非連続の連続というあり方でしか可能ではないが、日々新たに、ニヒリズムが克服される道が開けているのではないかと考えられるのである。

結論としては、次のように語り得よう。[10] すなわち、臨済（～八六七）の言葉「途中に在って家舎を離れず、家舎を離れて途中に在らず」のように、あるときは途上（修行）にあってしかも同時に家舎（絶対無のいのちの場）に生き、またあるときは途上にもなく、同時に家舎にもいない生き方で、唯只管に二重の否定性としての絶対無のパラダイムでの非連続の連続のうちで生き続け得るように努力しながら生きることが、現代におけるニヒリズムの克服の道であると。

註

（1）S. Kierkegaard, *Der Begriff Angst*, Eugen Diederichs Verlag, Düsseldorf, 1958. S.40, Dänische Ausgabe IV S.313.
（2）正義、勇気、智慧、節制等の普遍概念。
（3）S. Kierkegaard, *Die Krankheit zum Tode*, Eugen Diederichs Verlag, Düsseldorf, 1957. S.133, Dänische Ausgabe XI S.240.
（4）ハイデガーでは、西欧の哲学史を考えるときに、ニーチェによってニヒリズムが明確にされたのは、ハイデガーによって特徴付けられているOnto-theo-logieとしての伝統的形而上学の主流の哲学の当然の帰結としての「有そのもの」(das Sein selbst) から性起 (sich ereignen) してくる段階として、「有そのもの」の命運 (Geschick) と理解されている。

(5) 因陀羅網(いんだらもう) (=因陀羅の網、帝釈天の網あるいは帝網(たいもう)) については、中国の唐代の法蔵 (六四三～七一二)『華厳五教章』(例えば、鎌田茂雄著『華厳五教章』仏典講座28、大蔵出版、一九八三年、一八二、一八七頁) 参照。因陀羅は、梵語インドラ (Indra) の音写で、梵天と共に仏法を護る神の帝釈天のこと (『仏教学辞典』多屋頼俊・横超慧日・船橋一哉編著、法蔵館、一九七四年、二五頁参照)。

(6)「事事無礙法界」とは、華厳宗に出てくる「四 (種) 法界」(=事法界、理法界、理事無礙法界、事事無礙法界) の四番目の法界の真理の世界としてのあり方。事法界は、差別の現象界での真理のあり方。理法界は、絶対の真理の世界。理事無礙法界は、現象界と事法界とが「一」の関係にある真理の世界。事事無礙法界は、差別の現象界がそのまま絶対の真理界と「一」であるような世界のあり方。

(7) A. N. Whitehead, *Process and Reality*, Corrected edition, edited by D. R. Griffi & D. W. Sherburne, 1929, Collier Macmillan Publishers, London, cf. p.21.

(8) Op. cit., p.22.

(9) 本章での三種の用語「思惟」「思索」そして「思考」は、大体において以下のように使い分けされている。「思惟」は、主観―客観―図式に基づいた対象的、客観的、抽象的な考え方。「思索」は、主観―客観―図式を脱した「実存」、虚無的「生」そして絶対無のパラダイムでの「真の自己」での考え方。「思考」は、「思惟」と「思索」との両者を共に包摂した考え方。
(10)『臨済録』上堂、入矢義高訳注、岩波文庫、一九八九年、二七頁参照。

第二章　自己・社会・世界の一性の問題――「自覚」と「霊性」を介して――

「人間とは何か」という問題は、古代ギリシアの哲学者ソクラテス以来二十一世紀の現代に至るまで問われ続けてきている。また、「宗教とは何か」という問題も、宗教の語源を廻って、紀元前一世紀のローマの哲学者キケロ（Marcus Tullius Cicero, BC106-BC43）や三〜四世紀頃のラクタンティウス（Lucius Caecilius Firmianus Lactantius, ca.240-320）やアウグスティヌス（Aurelius Augustinus, 354-430）あたりから現代に至るまで、問われ続けてきている。ソクラテス以来現代に至る約二千五百年間を振り返るとき、宗教と人間が統一的に理解され得る地平は、「自覚」と理解されることも可能である。しかし、真の自覚は、霊性によって可能である。また、宗教は霊性によって初めて成り立つ。というのも、真の自覚である「自己の自覚」と「世界の自覚」は、自我が我執から離脱して、自然と自己と超越の次元が透明に「一」なる関係になるときに初めて、その透明な「一」から働き出ると考えられる「霊性」によって実現されるからである。しかも、宗教は、そのような働きとしての霊性によって初めて真に宗教として成り立つ。何故なら、宗教とは、自然、人間そして超越の次元が透明である場合に露わとなる「根源的いのち」ないしは「霊性」の自覚と理解され得るからである。

以上のような問題連関の中で、二十一世紀における「宗教と人間」の統一的理解の地平が明らかになるように、以下に項目別に論述を進めて行くことにしたい。

一　自覚について

自覚は大きく分けると、「自己の自覚」と「世界の自覚」から成り立っている。つまり、「自己が自己において自己を見る」自己の自覚と、人間の個において「世界が世界において世界を見る」世界の自覚とから成り立っている。自覚の宗教哲学は、キェルケゴール（一八一三～一八五五）に始まるが、彼における「世界の自覚」は、例えば、彼の著書『不安の概念』（一九四四年）[1]の第二章で「客観的不安」や「世代関係の影響」あるいは「歴史的関係の影響」の中で論じられているように、実存における主観的な自覚よりも、むしろ消極的（negative）なものとして扱われている。これに対して、自覚の哲学を本格的に、つまり根源的に「自己の自覚」と「世界の自覚」の「根源的な一」の場ないし「開け」から「自覚の哲学」が展開されたのは、日本の最初の独創的な哲学者西田幾多郎（一八七〇～一九四五）によってであった。彼において「絶対無の場所の論理」[2]が提唱されてからは、論文「生の哲学」[3]あたりから、環境と個人との相互限定として歴史が問題となり始め、「絶対無の場所」における「自覚の哲学」の究明は、『西田幾多郎全集』第六巻（岩波書店、一九六五年）所収の論文「無の自覚的限定を」を経て後、同全集第七巻所収の論文「私と世界」や「弁証法的一般者としての世界」を執筆後、同全集第八巻からは西田哲学の中心問題は「歴史的実在の世界」の構造の究明へと反転する。「自己の自覚」の究明から「世界の自覚」の究明へのこの反転は、丁度、ハイデガー（一八八九～一九七六）の著書『有（存在）と時（時間）』（一九二七年）における「有」（Sein 存在）の意味の問いを、「有」（存在）のいずれの理解をも可能にしている地平一般としての「時」からの「有」の究明に挫折して、「有そのもの」(das Sein selbst) から「有の意味の問い」の究明へと反転した事実に準（なぞら）えることができる。しかし勿論、ハイデガーの「時からの有」の意味の究明から「有そのもの」からの「有」の意味の究明への転回は、一切の立場の実体的あり方を絶対的に否定する「絶対の否定性」としての西田におけるような「絶対無」のパラダイムにおいてではなく、むしろ絶対有と理解され得る「有そのもの」から論究されている。

これに比して、西田での「世界の自覚」は、「絶対無」の場所での自覚であるので、自己の自覚を包摂している。その意味では、西田における「自己の自覚」から「世界の自覚」への反転は、本来的には「自己の自覚」と「世界の自覚」の「一」である自覚が、その分析上、自己から世界へという記述上の必然的順序に従って発生論的になっている。しかし、西田における「自己の自覚」と「世界の自覚」とは、本来的には「一」なる事柄として、既に初期の主著『善の研究』で露わとなっている。というのも、この著書では出発点として「純粋経験」が「天地同根、万物一体[4]」という『荘子』や『碧巌集[5]』からの言葉で説明され、自己と世界との「一」が、既にそこで語られているからである。

しかしながら、自己と世界の一性が自覚において究明されている西田哲学においても尚、「宗教と人間」との究明は、未だ十分であるとは言えないであろう。西田哲学の使命は、これまでの西欧の伝統的な主流の形而上学としての哲学の思惟や思索の基礎となってきた四つのパラダイム（＝相対有、相対無、絶対有、虚無）の立場を包摂する絶対無のパラダイムを提唱し、その基礎の上での思索を開示することであったと考えられる。西田哲学は、自己と世界との絶対無の場所における「一」性を、対象論理的には「絶対矛盾的自己同一的」と表現せざるを得なかったとしても、その矛盾的自己同一的な絶対現在としての「場所」においては、それは『大乗起信論』の用語を借りれば、「心真如」の世界が示されていると理解され得るのである。しかし、『大乗起信論』での「心生滅」の世界は、田辺哲学と西谷哲学によって示される必要があったと考えられるのである。

「宗教と人間」の統一的な理解のためには、西田哲学におけるような「絶対無の場所」（＝「開け」ないし「矛盾的自己同一的な絶対現在」）の論理においてのみならず、田辺哲学の意味における「社会存在の論理」としての「種の論理」や西谷哲学の意味のおける「空」の立場における「如」や「自体」の立場を目指す「己事究明」のいわば「空の現象学」から展開されているところの、「哲学の転換」が明らかにされなければならない。「種の論理」は個（個人の立場）と普遍（人類の立場）が疎外されたあり方としての「種」（人間においては国家、民族、あるいは各種のグループ等々）を媒介物（media,

悪、罪、自由等々）の媒介を通して本来の個や普遍の立場へと是正することを目指す。また、「如」や「自体」という、いわば立場なき立場を目指す「己事究明の現象学」は、人間の個が「自我」から「実存」へ、「実存」から「虚無的生」へ、そして「虚無的生」から「真の自己」へと種々の人生行路を遍歴して行く。そして、「種の論理」も「己事究明の現象学」もその途上において、哲学は宗教哲学へと変転して行く。

ところで、哲学から宗教哲学への転換の典型的な例は、キェルケゴールに見られる。キェルケゴールは、プラトン以来ヘーゲルに至る西欧の伝統的な主流の実体的な哲学としての第一哲学に対して、自らの実存思想を要とした宗教哲学を第二哲学と名づけた。実存思想では、第一哲学が等閑視した悪、罪、不安、絶望、自由、愛、宗教的行等々は、単に客観的にではなく、各人自らの問題として考察されるからである。キェルケゴールは、悟性は究極的には思惟できない事柄を思惟しようとするので、最後的には悟性は頽れ、悟性を基盤とした哲学は、生まれ変わった理性に基づく宗教哲学へと変転することが示されている。

次いでハイデガーは、西欧の伝統的な主流の形而上学としての哲学を有―神―論的（onto-theo-logisch）と特徴づけた。しかし、ハイデガーでもまた、有（存在）を時（時間）から解釈する『有（存在）と時（時間）』（一九二七年）の探求方向は、「有そのもの」（das Sein selbst）から「有るもの」の「有」が性起する（sich ereignen）方向からの「有」の理解の方向へと転回している。ハイデガーにおいては、歴史上における「有そのもの」（das Sein selbst）の忘却は、命運（Geschick）としてニヒリズムを招来させると理解されている。したがって、彼においてはニヒリズムの克服は、時空を超えた哲学の始原へ遡及することによって、これまでの伝統的な主流の形而上学としての哲学においての思索（Denken）とは別の、もう一つの思索のあり方としての詩作へと変転しようとした。

しかし、田辺哲学や西谷哲学においては、「哲学とは何か」が思索され、前者では『懺悔道としての哲学』が、後者では「己事究明」による「如」あるいは「自体」を要（かなめ）とする「空と即の哲学」が誕生した。つまり、前者の哲学は、「生の存在学」から「死の弁証法」としての宗教哲学へと変転し、後者の哲学は「一即零、零即多、そしてその二つの即の相即[6]」が核心となる「空と即の宗教哲学」へと変転した。西田哲学においては、心真如への道が身心一如の、華厳宗の用語を借りれば、真理としての実在の世界と、事実の世界とが「一」である「理事無礙法界」の世界が示された。しかし、田辺哲学と西谷哲学においては「心生滅」の世界も同時に示された。キェルケゴールによる第二哲学の開示も、ハイデガーによる存在そのもの（das Sein selbst）の性起（das Ereignis）の哲学も、いわば「心生滅」の世界の分析と言える。しかしながら、悟りの世界である「心真如」の世界と現象界での「心生滅」の世界とは、瞬時瞬時においては同時に成り立っている筈である。というのも、瞬間は、キェルケゴールの語るように永遠のアトムであり、瞬間においては時と永遠が「一」に成り立っているからである。つまり、「心真如」の世界と「心生滅」の世界とは、永遠のアトムとしての瞬間においては、常に同時に成り立っているからである。しかし、瞬間が永遠のアトムであることが自覚されるまでには、心に優位をおく「心身一如」のみならず、身体に優位をおく「身心一如」の全人的な宗教的修練が必要である。つまり、森羅万象に根源的に通底している「根源的いのち」ないし「霊性」が自覚され得るような宗教的修練が不可欠である。そのような修練としては、自我が無我に成りきって「天地同根、万物一体」の境涯が実現されるような、全人的行としての、例えば、称名や坐禅や祈り等々の宗教的行、あるいは華道や茶道や詩作等の芸術、あるいはまた自己鍛錬の可能な剣道や柔道や空手等のスポーツ等が挙げられる。

このように心身が分離していず、しかも知情意も未だ分離していない森羅万象の根源的「一」が露わとなる次元が開けている場合の経験では、「心生滅」の現象の世界と「心真如」の悟りの世界（＝真の自己の自覚の世界）とは「一」に成り立っている。

ところで、「心真如」での悟りとは、何か特別の世界を意味しているのではなく、「天地同根、万物一体」の世界が、自己の側からも世界の側からも、内外一如に開けてきて、「真の自覚」が目覚め、真の自己と世界が一に成り立つことが経験されることを意味する。そのような経験が可能な開けは、私たちの日常生活の中にも常に開けているが、それが各人に自覚されることが容易ではないだけであると考えられる。したがって、現象（心生滅）の世界と永遠（心真如）の世界とは、本来は分離できない。その意味では、「絶対無」の場所の論理においても、常に「種の論理」や「己事究明」の「空の現象学」のみならず、ニヒリズムの分析や究明も必要であると考えられる。というのも、ブーバー（Martin Buber, 1878-1965）の提唱するような第二人称的な「我―汝―関係」にではなく、第三人称的な「我―それ―関係」に基礎づけられた計算や対象化によって惹起された困難な諸問題に満ちた現代の世界では、「心生滅」の世界に生きる人々は、「心真如」の世界に生きる人々から、自らの立場の絶対否定の否定から迸り出るアガペーとしての愛や慈悲による支えと生き返りの策を与えられることを極度に必要としているからである。したがってまた、心真如の世界に生きる現代の人々がそれに答えうるには、まさに自己の自己による「自己疎外」や類や個の疎外態としての「種」のあり方やその拡大したあり方としてのニヒリズムの分析や探求がなされていなければならない訳である。

二　霊性について

二十一世紀初頭の現代においては、実体的な神仏である絶対的に超越的なものを核心とする宗教への反発が強い。勿論、西欧では未だ、オットー（Rudolf Otto, 1869-1937）の『聖なるもの』とかキリスト教における聖者が尊ばれる思想は、根強い。プラトン以来の、しかもその後、紀元一世紀前後にキリスト教の神と融合した、実体的、観念論的な、ヘーゲルに至るまでの西欧の伝統的な形而上学としての哲学の歴史を振り返るときには、「聖」への執着も理解できない訳ではない。しかし、例えば、キェルケゴールが、その実存的パトスの初歩表現においては「絶対的なテロスには絶対的に関係し、相対的なテロスには相対的に関係する」[7]ことを人間における必須のパトス的なものとしての情熱として主張しているが、最終的には人間の実存における苦悩や責めの意識や躓きやそれらの懺悔の段階を経ることによって、宗教性B[8]の弁証法的なものにおいては、絶対的で永遠な神と、時間内の現象界のものとの関係が矛盾のままに実存弁証法的に「一」に成り立つことが述べられている。[9]また、禅[10]においては、聖と俗との根源である「無聖（むしょう）」が究極的な境涯とされている。つまり、聖俗のいずれでもなく、同時にいずれでもあるところの、聖俗の根源が「無聖」[11]と表現され、そこで、いわば「灰頭土面」の生き様で生き抜くことが目指されている。

以上の僅かな例だけからでも理解できるように、「神仏と人間」「絶対と相対」あるいは「超越と内在」等の各々の両極的なものが同一であるとする思考法は、それが絶対矛盾的自己同一的であれ、実存弁証法的同一であれ、ハイデガーの語る「根拠律」[12]の妥当する領域をも突破しての同一性と差異性との究極的な同一性であれ、詳論の暇（いとま）はないが、二十一世紀においてのみならず、古代ギリシアの哲学者ヘラクレイトス以来存在しているのである。

さて、本章のテーマの核心である「神仏と人間の自己」との同一性やこれに連関しての「絶対と相対」あるいは「超越と内在」との同一性は、「根源的いのち」ないし「霊性」[13]において成り立つと理解されるのである。宗教とか「神仏」という用語に比して、「根源的いのち」や「霊性」は現代の若人において抵抗は少ない。前者の「いのち」は、古くは道元の『正法眼蔵』で、また近くは西田幾多郎やホワイトヘッドの哲学において重要な役割を果たしている。後者の霊性は、ヒブル語の ruach もギリシア語の pneuma も、語源的には風を意味し、特定の宗教に限定された用語ではない。

さて、「自然」「人間」「超越の次元」という三大領域は、古代ギリシアからの哲学的思索の事柄であった。これら三領域が透明に「一」の関係内にあるときに、霊性は初めて働き始める力であると考えられる。

つまり、霊性は、自然だけからも、人間だけからもあるいは超越の次元だけからも生まれ出てくる力ではなく、三領域が透明に「一」に関係しているときのみに身心(しんじん)一如に働く力と考えられる。西田が語る、『碧巌集』の中の言葉「天地同根、万物一体」が体得・体認されるときに、自然、人間、超越の次元の三者から同時に、しかも「一」に生まれ出てくる働きとしての力である。つまり、身心の内外から湧き出てくる力である。

そこで、霊性が働き出すことのできる、自然と人間と超越の次元のあり方について、以下において簡単に考察してみたい。

1、「自然」について

現代においても、私たちは奥深い山や大海原の大自然に触れると喜びに満たされる。緑が少なく、工場の排気ガスに満ちた都会では、子供たちは病に冒されやすい。人間も自然の一部であるから、美しい自然の中では人間の心も健康になり、汚染された自然の中では人間の身心も汚染されやすい。自然のギリシア語（phusis）の語源は、ハイデガーによれば、「自ずから然る」という日本語の自然に甚だ近い意味を持っている。また、自然のラテン語（natura）の語源では、ものの「本質」とか、ものが「生まれること」を意味する。[14] これらの語源の意味にふさわしく、私たちは「自ずから然る」ものには心を魅かれ、身心ともに安心を得、また日常生活においても、ものの本性に従って行動しようとする。更に、いのちが新たに生まれることでは、「いのち」が満たされる。また、詩歌や文学の世界での自然描写にも、私たちは身心ともに一体化し得る。しかし、十七世紀以来の、自然を対象化し、搾取し、機械技術によって、いわば征服し続けてきた自然の虐待や、「自ずから然る」方向を抑圧し、人間中心主義に堕落してきた科学・技術は、霊性を最も酷く遮蔽する働きをしてきたと思われる。現在、地球環境は最悪の状態に陥っている。霊性の働きが生きたものとなるためには、十七世紀以降の人間中心主義で自然を対象的に取り扱ってきた科学・技術の方向転換を試みることが最重要な課題と考えられるのである。

2、「人間」について

人間の個が宗教哲学の中心問題となり得たのは、キェルケゴールにおいてであった。人間が「類」の視点から論究されたり、「種」の視点から取り扱われたことは珍しくない。前者は、ソクラテス以来ヘーゲルに至る西欧の主流の形而上学としての哲学が例として上げられる。後者は、経済的構造としての下部構造とその上に建てられている上部構造を説くマルクスの唯物史観や前半期の田辺哲学等が挙げられる。

しかし、人間を「類」と「種」と「個」の透明な「一」の関係の内において考察しようとした哲学としては、西田哲学やホワイトヘッドの哲学が挙げられる。ここでは後者のホワイトヘッドの有機体の哲学をその一例として挙げておきたい。この哲学は宇宙論の表現(expression)[15]、人類の宗教経験の解釈(interpretation)[16]そして究極的、全体的経験の解明(elucidation)[17]を目的としている。しかも、この有機体の哲学では、類と種と個とが透明な「一」の内で理解されている。この哲学では、森羅万象の一々のみならず、神すらもが究極的カテゴリーとしての「創造性」によって成り立っている一つの actual entity(現実的実有)から成り立っている。そして、現実世界は「多」から「一」への合生(concrescence)の過程であると同時に、各々の actual entity は、究極的な実在性のうちに存してもいる。このようなホワイトヘッドの哲学では、「類」と「種」と「個」とは常に同時に「一」に成り立つことが可能である。勿論、各時代の「社会」には「種」の段階に大きな困難な問題があったことは、彼の著書『観念の冒険』の中での、古代の奴隷制度、中世の農奴、近世の産業奴隷についての論究のなかで、露わに見抜かれている。しかしながら、彼の有機体の哲学には、未だ絶対の否定を意味する「絶対無」のパラダイムが生きていないので、これまでの世界の哲学における他の四つのパラダイムでの立場を、支え、生かすことは容易ではないのではあるが。しかしながら、彼の哲学には、後半期の主著『過程と実在』(一九二九年）の最後の第Ⅴ部第二章第七節に語られているように、創造性と永遠的客体とによって創造物と同時に合生された神の愛によって森羅万象は、調和とリズムの内で活かされていくことが可能となった。

3、「超越の次元」について

プラトン的な永遠で普遍で不変なイデアやこれと融合したキリスト教の中世的な神は、現実の時間の世界からは遊離した超越の世界として二十一世紀初頭の現代においては力なきものとなっている。現代において有力で生きた超越の次元と見なされる世界は、時と永遠とが渾然一体となった世界であると考えられる。極言すれば、「神仏が各人の私で、各人の私が神仏である」世界である。仏教（禅）では、人間の真の自己の本質である「自性」は「仏性」であり、「仏性」は無実体的という意味で「無自性」であると理解されている。キリスト教でも、例えば、エックハルト（Meister Eckhart, ca.1260-1328）の神秘思想の究極の境涯である「神性の無」においては、「神の根底」は、各人の「私の根底」であり、各人の「私の根底」は「神の根底」であると語られている。[18] このような考え方には、勿論多くの反論があるであろう。しかし、その反面、考え様によっては、長い人類の歴史の中で、現代は遂に、エックハルト的な、あるいは仏教的な境涯に達したと言えもするのではないであろうか。ヨセフとマリアの子であるイエスが神のひとり子であると言えるのであれば、全人類の一人ひとりもまた神のひとり子と言えるのでなければばならないと考えられるのである。また、西田以前の東西の哲学や宗教哲学では、超越が内在する「超越的内在」が妥当していたが、西田哲学以後の宗教哲学では、むしろ逆に、「内在的超越」が主張されるようになり、「内在即超越、超越即内在」が妥当するようになってきた。

このような状況では、宗教と霊性との間の距離が縮まり、「霊性」あるいは「根源的いのち」の自覚としての宗教と、自覚には至っていない「霊性」や「根源的いのち」に生きることの間の距離が縮まり、遂には「宗教」と「霊性」とが種々の新しい形で「一」となる可能性が生じてくることが大いに期待されるのである。

註

（1）S. Kierkegaard, *Der Begriff Angst*, Gesammelte Werke, 11. und 12. Abteilung, Guetersloher Verlagshaus, übersetzt von E. Hirsch und H. Gerdes, 1981, S.51-81 参照。
（2）『西田幾多郎全集』第四巻、後編の第二論文「場所」（一九二六年）岩波書店、一九六五年、二〇八～二八九頁参照。
（3）同右掲書、第六巻、一九六五年、四二八～四五一頁参照。
（4）同右掲書、第一巻、一九六三年、一五六頁参照。
（5）『禅の語録』一五（『雪竇頌古』）入矢義高、梶谷宗忍、柳田聖山著、筑摩書房、一九八一年、二一八、二一九頁参照。
（6）『西谷啓治著作集』第一三巻（『哲学論考』）所収、創文社、一九八七年、一四四頁。

（7）S. Kierkegaard, *Abschließende unwissenschaftliche Nachschrift*, II. Teil, Gesammelte Werke, 16. Abt. 1982, S.92.

（8）宗教性Bとは、キェルケゴール独特の用語で、特殊な宗教性（besondere Religiosität）を意味する。その内実は、他の諸宗教の宗教性A（allgemeine Religiosität 普遍的宗教性）における一般的な宗教性に対する、キリスト教の宗教性を意味する。

（9）S. Kierkegaard, *Abschließende unwissenschaftliche Nachschrift*, II. Teil, S.273-300 参照。

（10）本章での「禅」は、仏教の一宗派の禅宗のみを意味しているのではなく、すべての宗教に通底している「根源的いのち」ないし「霊性」を意味している。

（11）『禅の語録』一五（『雪竇頌古』）九頁参照。

（12）根拠律（＝充足理由律）とは、"nihil est sine ratione"（＝何ものも根拠無くしては存在しない）という、ライプニッツ以来の伝統的原理。

（13）「霊性」については、拙著『絶対無の哲学―西田哲学研究入門―』世界思想社、二〇〇二年、一六四～一九〇頁に詳論。

（14）ギリシア語やラテン語の語源からの「自然」についての詳論は、以下の拙著参照。『「自己」と世界」の問題―絶対無の視点から―』現代図書、二〇〇五年、一二〇～一三四頁。

（15）A. N. Whitehead, *Process and Reality*, Corrected edition, edited by D. R. Griffin & D. W. Sherburne, Collier Macmillan Publishers, London, 1929, p.128.

（16）Op.cit., p.167.

（17）Op.cit., p.208.

(18) M. Eckehart, *Deutsche Predigten und Traktate,* hrg. und uebersetzt von Josef Quint, Carl Hanser Verlag, München, 1963, S.180.

第三章　カントが到達した「美の形」——三批判書を中心として——

はじめに

カント（Immanuel Kant, 1724-1804）と言えば、私たちは、厳格主義的な道徳学者であって、健康維持のために一生独身で、市民によって時計代わりにされるような正確さで、毎日散歩を規則正しく行なっていたことを思い出してしまう。また、偉大なカントも晩年は認知症で、三十年間も援助してくれていた男性の秘書さんに、毎朝、「あなたはどなたでしたかね」と尋ねて、礼儀正しく挨拶をしていたということも思い出されてくる。しかし、そのように通俗的に知られているカントは、哲学者であるのみならず、周知のように、数学、物理学、自然地理学、自然法、教育学、鉱物にも深く通じていたと言われている。カントは、一七五五年までは家庭教師をしていたが、一七五五年の冬学期からは、ケーニヒスベルク大学の私講師となり、一七七〇年から一七九六年冬学期までは同大学の論理学と形而上学の正教授であった。また、一七八六年から一七八八年までは同大学の総長であった。

カントのこのような広範囲に亘っての全体的な究明は不可能である。そこで、カント哲学の三批判書『純粋理性批判』（一七八一年、五十七歳。以下『第一批判』と略記）『実践理性批判』（一七八八年、六十四歳。以下『第二批判』と略記）『判断力批判』（一七九〇年、六十六歳。以下『第三批判』と略記）とこれら三批判書では残されてしまっていた「悪」の問題を究明している『単なる理性の限界内での宗教』（一七九三年、六十九歳。以下『宗教論』と略記）とに限定して、カント哲学をごく簡単に概観しながら、カント哲学の、二十世紀以後の世界の哲学の発展への影響を、特に二十世紀の代表的な新しい哲学、特にホワイトヘッド、ハイデガー、京都学派の哲学者である西田幾多郎や西谷啓治の哲学への影響を念頭におきながら、カントが到達した「美の形」を考察してみたい。

一　カント哲学について

カントは、古代ギリシア哲学以来現代に至るまでの西欧の主流の伝統的な哲学の歴史において、プラトンと並んで、代表的な哲学者と見なされている。その理由は、プラトンは、霊肉の二元論やイデア論で、カントに至るまでの、西欧の伝統的な主流の形而上学の基礎となっているからであると考えられる。これに対して、カント哲学は、成る程一方では存在と本質とを、また、主体と客体とを分離するという二元性を基礎とした対象論理を引き継ぎ、更にこれを徹底化している。例えば、カントにおける「現象界と物自体」あるいは「現象界と叡智界」という二元的な世界観では、カントは確かにプラトン哲学の継承者である。しかし、他方では、カントは哲学に大きな転換を提唱しているのである。重要な転換点を挙げてみれば、第一に、中世においての、カントの所謂純粋理論理性としての悟性（intellectus）が上位に位置づけられ、狭義の理性（ratio）ないしはカントの所謂実践理性が取るにも足りない物として下位におかれていた関係を、逆転させて、前者に対する後者すなわち「実践理性」の優位を提唱した。

第二に、カントは、純粋悟性概念である範疇によって感性界での経験を認識するために、構想力（Einbildungskraft, imagination）とこの構想力が産出する図式（Schema, scheme）を考案している。第三に、理性を、真理を探求する悟性（理論理性）の知の働きと、善を求める狭義の理性（実践理性）の意志の働きと、美を探求する判断力の感情の働きとに分離して、その後で判断力によって前二者を統合しようとした。このようなカント哲学における主要な新しい試みからも、プラトンとカントの二人が西欧の伝統的な主流の哲学の代表者として挙げられることは、良く理解され得ることである。

カント哲学は、一般的には古典哲学へと分類されて、新しい現代哲学には属さないと見なされている。というのもカント哲学では、主観―客観―図式を基礎とした論理が支配し、時間・空間は先天的直観形式として絶対的であり、因果律が妥当し、また感性と悟性を構想力によって統合する先験的統覚（transzendentale Apperzeption）としての、「自我」による「われ考う」（“Ich denke”）が認められるからである。

しかしながら、先に述べた、カントによって新たに提唱された主要な三点だけを考察してみても、これらは、新しい現代哲学を可能にする根本的な変革を秘めていることが分かるのである。

1、二律背反（Antinomie）と素質としての形而上学

第一番目の理論理性に対する「実践理性の優位」は、カントが古代ギリシアの哲学者アリストテレス以来の主語論理の立場（主語の実体性を認める立場）に立ちながら、物を対象化して、客観化、抽象化して認識しようとする悟性（知性）の立場である理論理性にではなく、人間の価値を規定する自律的な意志の立場である実践理性に優位を置くことによって、悟性によっては二律背反（Antinomie）[1]とか仮象の論理（Die Logik des Scheins）とも呼ばれる「素質としての形而上学」に陥る問題性を脱却しているのである。『第二批判』においては自由と道徳法則の問題が新たに考察され、自由と道徳法則との関係は、自由は道徳法則の存在根拠（ratio essendi）であり、道徳法則は自由の認識根拠（ratio cognoscendi）であるという重要な理解が打ち出されている。また、『第二批判』では、最高善である福徳の一致のために、魂の不死が要請され、更に死後の世界においても神の助け無しでは福徳の一致は成就され得ないとして神も要請される。

2、魂の不死、自由、道徳法則

カントが提唱した「実践理性の優位」においてはカントは、古典哲学の、悟性の優位では収まり切らない魂の不死と人間の自由と神の存在を要請し、道徳的な見地から新しくこれらが考

察されている。

第二番目の、カントによって創案された「構想力」は、経験的な働きの根底に先験的に（a priori）あって、感性が受入れた種々様々な直観内容である経験的なものを形象にもたらし、悟性によって認識されるために、いわば悟性と感性を媒介して統一する「図式」を生み出す。この意味では、構想力は、アリストテレスにおける各々の感覚的知覚を統合する「共通感覚」（ラテン語：sensus communis, ギリシア語：koine aesthesis）と同定されることも可能である。[2] カントでの構想力は、ドイツ語ではEinbildungskraftと、英語ではimaginationと表現されるように、ドイツ語・英語共に形象を意味する“Bild”や“image”を含んでいる。

3、カントにおける「構想力」と、「共通感覚」

カントにおける形象（Bild, image）は、例えば、西田哲学での「直接経験」とか「純粋経験」と表現されているような直接経験そのままではないことは勿論である。しかし、また、眼、耳、鼻、舌、触などの感覚の各々の内容そのものとも相違している。むしろこれら五感の根源に通底している感覚から生まれ出てくる。形象は、直接には概念に結合され得ず、図式によって媒介されて初めて認識され得る。形象の力は、経験的感性的直観と純粋知性的範疇とを統一し、媒介する働きと言える。したがって、カントの構想力から生み出された先験的図式は、知性的であると同時に感性的でもある。範疇は知性的総合の規則と呼ばれるが、先験的図式は形象的総合の規則と呼ばれる。形象は、経験的直観の総合によって可能である。しかし、図式は、形象ではなく、「先天的純粋構想力の所産」であって、構想力により始めて形象が可能となる。それは、アリストテレスの用語を借りれば、いわば「共通感覚」であると言えよう。

以上のような、カントにおける「構想力」の草案は、例えば、仏教における「禅」や西田哲学における直接経験ないし純粋経験への橋渡しという大きな役割を果たしていると言える。というのも、構想力は、人間や一切の物の内と外から開けている「絶対無の場所」の先駆的な先取りの能力とも理解され得るからである。

第三番目の、カントによって創案された、認識能力としての悟性と、自由を基礎としている狭義の理性との中間に位置する「判断力」は、純粋理論理性が支配する悟性の領域と実践理性が支配する狭義の理性の領域とを統一する能力である。この能力は、特殊が普遍の一例となっているか否かを判断する能力であり、また特殊から普遍を見出す能力である。

4、『判断力批判』での二つの判断力(①「規定的判断力」、②反省的判断力〈a美学的判断力〈快・不快の感情〉、b目的論的判断力〈自然の美や目的は究極的には、道徳的主体としての人間に求められる〉〉)

『判断力批判』では、判断力は大きく二つに分けられている。第一の判断力は、「規定的判断力」と呼ばれ、構成的原理である純粋悟性概念(=範疇)の原則による判断力である。つまり、所与の普遍に特殊を包摂する能力である。普遍が「自然の法則」である場合は、理論理性(悟性)の判断力が働き、普遍を特殊に適用する際の媒介は、超越論的時間規定としての図式である。また、普遍が「自由の法則」である場合は、実践理性の判断力が働く。この能力は、特殊の行為が普遍である道徳法則ないし自由の法則に従っているか否かを判定する能力である。この場合には、特殊と普遍の媒介は、普遍的自然法則としての範型(Typus)と呼ばれている。

5、美も自然の目的も、道徳的主体としての人間の感情に求められる

第二番目の判断力は「反省的判断力」と呼ばれ、これは、第一番目の規定的判断力とは逆に、特殊だけが与えられている場合に、普遍を見出して、その普遍を特殊に適用する能力である。「反省的判断力」は、更に「美学的判断力」と「目的論的判断力」とに分けられる。「美学的判断力」は、自然と芸術の形式的合目的性を快・不快の感情によって主観的に判断する能力である。二番目の「目的論的判断力」は、自然の実在的合目的性を悟性と理性とによって客観的に判定する能力である。反省的判断力は、天才と自然においてのみ認められる働きであるので、後世では余りこの点ではカントは評価されない。しかし、カントが感情に大きな力を認めた点では、ホワイトヘッド(一八六一～一九四七)の「感じ」を中心とした有機体の哲学や、西田・西谷哲学の情意の哲学への、カントの大きな影響が見られるのである。

ところで、カントにおいては、創造の究極的目的は、道徳的主体としての人間に求められている。したがって、反省的判断力においては、自然の合目的性の原理において、自然の領域か

ら人間の自由の領域への移行ないし変転が見られ、最終的には、理論哲学と実践哲学が、道徳的主体としての人間の自由が中心となって、目的論的に美学によって統一されようとしていると理解され得るのである。この統一が成功しているか否かは別問題として、カントのこの統一への意図が理解される場合には、現代の哲学における重要な諸問題が先取りされていることが理解され得るのである。例えば、『判断力批判』における「美学的判断力」と「目的論的判断力」の両者を包摂する「反省的判断力」は、天才や自然の内に見出されるところに、一般化できない限界はあるものの、快不快の感情が核心となっている点で、後年ホワイトヘッドの feeling（感じ）を中心とした有機体の哲学が生まれ出て来ているとも言えるのである。

6、カントの哲学的人間学

ところで、カントにおける「目的論的判断力」に限らず、カント哲学の本来的意図は、道徳的主体としての意志の自律に基礎が置かれた人間の探求と理解され得る。先に見たように、「実践理性の優位」において見られた人間の自由・魂の不死・神の存在の要請、また、人間にいわば先天的に備わる「構想力」や、この構想力から産出される「図式」、そして理論的理性と実践的理性とが判断力によって統一されようとする試みや美的判断力や目的論的判断力における感情の重視は、カントが如何に深く「人間とは何か」を考察していたかを示していると言えるのである。

7、三批判書と『宗教論』

カントは周知のように、『第一批判』[3]では「人間は何を知ることができるか」を、『第二批判』では「私は何をなすべきか」を、『宗教論』では「私は何を希望することが許されるか」を、考察している。が、これら三つの問いは、例えばブーバー（Martin Buber, 1878-1965）も「人間とは何か」という哲学的人間学の問いになると語っているように[4]、カント自身もそれらは「人間とは何か」という問いとなると考えている。

実際カントにおける三批判書と『宗教論』は、知識を捨てて、カントでの信仰としての「道徳的な理性信仰」に場所を空けていると理解され得る。しかし、『第一批判』の先験的感性論や先験的分析論は、それぞれ純粋数学と純粋自然科学という学問的知識の部門として論究されていることは、勿論である。

8、仮象の論理（Die Logik des Scheins）（＝素質としての形而上学）

純粋数学と純粋自然科学における真理の基準に照らして、『第一批判』の先験的弁証論では、カント以前の形而上学が悟性による「素質としての形而上学」として批判され、先験的方法論では、形而上学が道徳的世界観として理解されている。純粋数学や純粋自然科学は、可能であるのみならず、現実的である。しかしながら、「先験的弁証論」は、先験的分析論が「真理の論理学」と呼ばれるのに対して、「仮象の論理」と呼ばれる。ここで意味されている先験的仮象は、論理的仮象でも経験的仮象でもなく、理性固有の仮象である。仮象の論理学は、理性の自然的な不可避の錯覚であり、この仮象によってカント以前の形而上学の誤ったあり方を、カントは理性の素質としての形而上学として批判した訳である。

9、経験領域は理解すること（Verstehen）、超自然的領域は会得すること（Begreifen）

カントは、「純粋悟性概念」を「範疇」と名づけたが、これは経験領域の理解すること（Verstehen）に限られる。これに対して、「理念」である「純粋理性概念」をカントは形而上学的ないしは可想的範疇と名づけた。これは、経験の領域内には限られず、超自然的形而上学的領域を会得する（begreifen）方法である。したがって、既述の如く、カントの「弁証論」の「素質としての形而上学」は、『第一批判』の最終の『先験的方法論』では、「学としての形而上学」は、カントの信仰としての道徳的な理性宗教として究められることになる。

10、三種の先験的理念（魂・自由・神）

さて、カントの『第一批判』の先験的弁証論での可想的範疇としての純粋理性概念である、基本的な三種の先験的理念は、「魂」「自由」そして「神」である。これらの範疇は、第三番目の範疇である「関係」が、自然範疇の制約から解放されて形而上学的範疇の性格を得たものである。カントでは、形而上学と経験論とは、可想界の概念による会得する（begreifen）領域と経験領域の範疇による理解する（verstehen）領域として、いわば対立している『第一批判』の「先見的弁証論」には、先の三つのイデー（魂・自由・神）の他に、二律背反（Antinomie）の問題が扱われている。二律背反とは、相互に対立、矛盾する二つの命題が、共に正しく、真であり、証明可能であることを意味する。簡略に示すとカントでは以下の四つの二律背反が示される。

①世界は時空的に限界がある（定立）。無限である（反定立）。

②世界の一切は単純なものから成る（定立）。複合的である（反定立）。

③世界には自由による原因がある（定立）。自由なものはない。一切は自然の法則により生起（反定立）。

④世界原因の系列に何らかの必然的存在体がある。一切は偶然的（反定立）[5]。

以上の四つの二律背反は、いずれの定立と反定立も証明され得ることが示されるが、①と②はいずれも数学的二律背反で、定立、反定立共に偽とされ、③と④は、力学的二律背反で、定立、反定立共に真であるとされている。③の自由と必然性については、前者はカントでは「先験的自由」と名づけられ、後者の必然性は、「先験的自然主義」と名づけられている。「先験的自由」は理念（イデー）の領域である可想界で真であり、「先験的自然主義」は、感性界である現象の世界での経験において妥当する。

11、自由と道徳法則

可想界に属する限りでの理性的存在者の原因性と理解されている「先験的自由」は、実践理性の領域では道徳法則の存在根拠(ratio essendi)として要請され、道徳法則は自由の認識根拠(ratio cognoscendi)と理解されている。上の二律背反の四番目の必然的存在体(神)は、理論理性によ る神の存在の証明が否定され、実践理性の領域では、先に述べた「福徳の一致」としての最高善がこの世では実現不可能であるので、死後の世界で成就されるために、先ず魂の不死が要請されることになる。しかし、死後の世界でも、福徳の一致が実現されるためには、神の助けが必要なので、神の現存が要請されている。

以上の論究から、カントの『第一批判』における「先験的弁証論」でのイデー論と二律背反から、魂と自由と神の問題が、浮き彫りにされた。これら三理念の問題は、カント以後の現代に至るまでの哲学においても中心的な問題であり続けている。カントの『第一批判』でのこれら三理念の問題が明らかにされるには、カントでは、先験的感性論での、直観形式としての時間と空間の絶対性や、先験的分析論での悟性概念としての範疇や、悟性と感性を繋いで認識を可能とする構想力やこの構想力が産出する図式、そして原則(Grundsatz)[6]が基礎となっている。

以上のごく簡単なカント哲学の究明から、カント哲学が現代の哲学に与えている、特に、西田幾多郎の「絶対無の哲学」やホワイトヘッドの「有機体の哲学」への影響が、幾分かは明らかとなる。

二　カント哲学の、その後の哲学に対する影響

1、知性が基礎の哲学から情意が基礎の哲学へ、情意が基礎の哲学から感情が基礎の哲学へ

カント哲学がカント以後の哲学に与えた大きな影響は、先ず第一に、理論理性（悟性）と実践理性との妥当する領域を分離し、後者に優位を認め、しかも分離したそれら両者を判断力によって総合しようと試みたことによる影響が考えられる。広義の理性を、悟性と狭義の理性とに分離し、更に両者の統合が規定的判断力と反省的判断力を包摂する判断力に求められていることは、西田幾多郎やホワイトヘッドの哲学に大きな影響を与えている。真理を求める知性の働きと善を行使しようとする意志の働きを、所与の普遍のもとに特殊を包摂する能力としての「規定的判断力」と、美を快不快の趣味的感情の「美学的判断力」や有機的自然を目的論的に探求する「目的論的判断力」を包摂する反省的判断力で統一する試みは、知情意のうちで、実践理性に優位を与えることによって意志の働きを認めながらも、最終的には判断力の核心となる「感情」に重要な働きが認められていることを意味している。カント以前にも、シュライアーマッハー（Friedrich Daniel Ernst Schleiermacher, 1768-1834）は感情に宗教の本質を見出した。しかしこれは、どこまでも宗教の次元での事柄であった。しかし、二十一世紀の哲学においては、知性にではなく、情意に基礎が置かれているが、この源泉は哲学的には、カントにまで遡ると考えられる

のである。

2、構想力（と図式）から、「真如」の哲学へ

カント哲学のその後の哲学への重要な影響としては第二に、知性と感性を繋ぐ「構想力」(Einbildungskraft, imagination) と構想力から産出される図式 (Schema, scheme) の、現代哲学への貢献が挙げられる。構想力や図式によって、例えば、道元の『正法眼蔵』の「坐禅箴」の巻の「水清んで地に徹し、魚の行くも魚に似たり。空ひろくして天に透り、鳥飛んで鳥の如し」から考案された西谷哲学における「真如」の経験[7]や華厳の「四（種）法界」の「事事無礙」の世界[8]へと導かれることが可能となる。あるいはまた、ヘンリヒ (Dieter Henrich, 1927-) は間違いと指摘はしているものの[9]、ハイデガーにおけるように、構想力を悟性と感性、或いは統覚と感官との共通の根[10]とする考えへと導くのである。ヘンリヒが「先験的統覚」を悟性と感性の共通の根とするのは主観—客観—図式に基づく対象論理を認めている故であると考えられる。しかし、ハイデガーでは、主観—客観—図式に基づく主語論理が既に脱却されようとしている故に、「構想力」に悟性と感性の「根」が認められるのであり、これは西田・西谷哲学や『懺悔道としての哲学』(一九四六年) 以後の田辺哲学にも通じて行く考え方と筆者は考えている。

3、実践哲学としての形而上学

カント哲学のその後の哲学への第三の重要な影響は、素質としての形而上学が「学」の形而上学にはなり得ず、魂と自由と神の問題は理論理性によってではなく、実践理性の優位において初めて学としての形而上学として成り立ち得ることが示されたことである。この影響は、古代ギリシアのプラトン哲学以来ヘーゲルに至る西欧の伝統的な主流の形而上学としての哲学がハイデガーによって Onto-theo-logie (存在―神―論、ないし有―神―論) と特徴づけられ、ハイデガー自身は、存在―神―論ないし有―神―論ではなく、有そのもの (Sein selbst) の性起 (Ereignis) や Geviert (四方域) を、自我 (ego としての自我) から脱自した実存 (ek-sistere を語源とする Existenz) を核心とした哲学を樹立していることに見られる。

勿論、カントでは、感性論や分析論においては主語論理が中心となり、デカルト以来の主観―客観―図式による論理が徹底化した。しかし、他方、実践理性の領域においては実践理性の優位によって、人格の自覚や人格の尊厳性が浮き彫りにされたのであった。

4、神概念の変転

カント哲学のその後の哲学への第四の重要な影響は、神の存在は、証明の事柄ではないとして、それまでの存在論的、宇宙論的そして目的論的 (=自然―神学的) な神の存在の証明が否定されたことである。カントは「最高善」である「福徳の一致」が成就されるために神の存在を要請するといういわば「理神論者」であることによって、キリスト教の神を、ヘーゲル (一七七〇

〜一八三一）やニーチェ（一八四四〜一九〇〇）に先立って殺したとも言われている。しかし、他方では、唯物論者でも、自由思想家でも、科学者でもないキリスト者（プロテスタント）のカントが理神論的に、狭義の理性によって道徳的に神を要請したことによって、その後のキリスト教神学や西欧の観念論的哲学に、延いては西田哲学においてのような「絶対無の神」へ至るような、神理解の発展、深化への道の端緒を与えたといえる。

5、自由論

カント哲学がその後の哲学に与えた第五の重要な影響は、彼の自由論である。これは、先に見たように、カントの『第一批判』の「先験的弁証論」の二律背反（アンチノミー）の第三番目に論じられている問題であると考えられる。カントにおいては自由が、キリスト教の神学的な影響から離れて、現代におけるグローバルな次元での自由のあり方をも包摂する仕方で論究されているので、以下においてカントの「自由論」を少し詳しく究めてみたいと考える。というのも、現代において哲学的に最も重要な問題の一つは、「人間の自由」と考えられるからである。しかも、カントの重視する人格の尊厳性は、カントにおける実践的自由において、主体の意志が自己自身に対して法則であるという自律によって可能となる。カントでは、自律は道徳の最高原理である。というのも、カントでは、自由意志と道徳法則に従う意志とは同一であるからである。カントでは、意志は自発的であり、他律からは自由独立で、自らの原理を作りだす。しかし、意志の自律にも拘らず、カントでの道徳法則が命令形[11]での定言命法の形を取っているのは、人間が理性と同時に感性をも付与されているからである。

三　カントの「自由」の概念（先験的自由と実践的自由）

カントにおいては自由は、先験的自由と実践的自由とに分けられている。先験的自由は、根源的には客体と係わり、種々の範疇に関係している。しかし、実践的自由は、客体にではなく、「主体的な行為、意志、人格」と「道徳法則」との関係においてあり、純粋理性の自由の因果律の範疇を前提としている。そして、カントの『第一批判』においては、因果律は、ヒューム（David Hume, 1711-1776）における習慣から生まれた期待と同一視された因果律とは相違して、経験を構成する先験的主観（＝Ich denkeという先験的統覚）による先験的範疇である。

実践的自由においては、人間の自我は、純粋自発性を示す理性と他律に生きざるを得ない自然法則の下に生きる感性的なものという二重性のうちに、即ち、悟性界と感性界の二重性のうちに、生きている。

『第一批判』の先験的弁証論における第三の二律背反の反定立においてのように、人間を、自然法則に服従して必然性のうちに生きていると理解するのとは相違して、『第二批判』では人間は自由である。しかも、『第二批判』では、必然性と自由は両立し、しかも同一主体においては両者は合一している筈である。しかしながら、『第二批判』ではこれらの必然性と自由の統一ではなく、定言的命法としての道徳法則の可能性の根拠である、悟性界（可想界）と感性界の両世界に同時に生きる人間の二重構造の統一が究明されようとしている。つまり、道徳法則をめぐっての、人間の行為の意志における可能性と当為性との同一性が究明されようとしている。

理性的存在者としての人間は、道徳法則に従い得る（können）筈であるが、幸福や欲望にも同時に生きたい感性的存在者としての人間には、条件付きの仮言命法（hypothetischer Imperativ）としてではなく、無条件的な絶対命令としての定言命法(kategorischer Imperativ)として、当為(Sollen)となる。以上のような、可能と当為の統一の問題が、先に挙げたカントの三つの問いが一つに纏められた「人間とは何か」という第四の問いに対する考察として、『第二批判』における人間の究明となっている。

先に見たように、カントの三つの問いの第一の問い「私は何を知ることができるか」は、カントでは宇宙論（Kosmologie）として、知性的にだけではなく、思弁的に『第一批判』で究められようとしている。第二の問い「私は何を為すべきか」は、人間の働きである行為としての人間の人格性と自由に係わるものとして実践的に『第二批判』で究められようとしている。第三の問いの「私は何を望むことが許されるか」は、先にも述べたように「福徳の一致」である「最高善」を成就するための「魂の不死」によって実践的にと同時に理論的に『宗教論』で究められようとしている。『第三批判』では、『第一批判』と『第二批判』とが美的な、また目的論的な（崇高の感情をも含む）感情によって、最終的には道徳的主体の人格において統一されようとしている。というのも、『第三批判』の「反省的判断力」においては、「美学的判断力」では快・不快の感情によって主観的に判断する能力が働き、また「目的論的判断力」では自然の実在的合目的性を悟性と理性の両者で客観的に判断するからである。

カントの三つの批判書と『宗教論』を以上のように簡単に見てみると、人格性と自由とは、カントの『第二批判』の中心的問題として論究されていることが分かる。しかし、『第三批判』での「美学的判断力」が人間の快・不快の感情によって主観的に判断する能力であると理解されている点において、カントの『第三批判』の反省的判断力が二十一世紀の哲学への、特にその「美の形」への理解への大きな影響を与えていると考えられるのである。

ところで、『第一批判』の先験的弁証論の根本的問題は「如何にして先天的総合判断は可能であるか」という問題であるが、この問題は、『第二批判』にも妥当する。「分析的判断」は、一命題において主語に述語が含まれている判断であるのに対して、「総合的判断」は、主語に述語が含まれていない判断である。この区別に従えば、人間の「各個の格律」が、「普遍的立法の原理となること」を、分析判断として含んでいない。つまり、道徳法則（＝「汝の行為の意志の格律が常に同時に普遍的立法として妥当するように行為せよ」）は、総合的判断として述べられ、かつ定言命法として語られている。そこで、先験的総合命題の定言命法が、如何にして可能であるかが、『第二批判』の問題となっている。しかし、これ以上、本論の主題との連関でカントの自由論について詳論することはできない。

ただ、ここで付言しておかなければならないことは、以上のように、人間の意志の自由を中間において悟性と感性に同時に生きる者として人間を理解することは、西田幾多郎の「絶対無の哲学」や西谷啓治の「空の哲学」や「事事無礙の哲学」へ大きな影響を与えていることである。無論、西田・西谷哲学では、主観―客観―図式を要とした主語論理ではなく、「述語的論理」や『繋辞の論理』[12]が試みられ、究極的には、カントの「叡智的一般者」の立場ではなく、これを包摂する「行為的一般者」や更にはこれをも包摂する「表現的一般者」が、また最後的には「弁証法的一般者」[13]が提唱される点で、カントとは相違している。しかし、日本の哲学へのカントの影響、もっと極端に言えば、それらの哲学の源泉は、カントの三批判書、特に『第二批判』と『第三批判』に見出されると言っても過言ではないであろう。例えば、西田哲学の『善の研究』(一九四四年)で「善」が「真の自己」に見出されているのは、カントの『第二批判』の「本来的自己」にその原型が見出され、また西田の意識の厳密なる統一としての「純粋経験」は、カントの「自由」を間においた「感性」と「道徳法則」とを同時に「一」に生き、人格の尊厳性に生きようとする人間のあり方に、その原型が見られるのではないであろうか。また西谷哲学の先に挙げた論文「空と即」での「共通感覚」と理解されている「構想力」には、アリストテレスの「共通感覚」のみならず、先に見たように、同時にカントの構想力が原型となっていると理解され得るのである。

以上において、カントで樹立された、自由と道徳法則を基礎とした、目的自体としての人間の各個の人格の尊厳性が、その後の新しい哲学に、如何に大きな影響を与えているかが分かったのであるが、この事実は、カントの『第三批判』にも妥当する。というのも、本章では先に述べたように『第三批判』については詳論できないが、『第三批判』での美学的判断力と目的論的判断力との両者からなる反省的判断力は、自然の合目的性の原理から道徳の存在根拠である自由の概念へと、更に理論哲学と実践哲学とが、道徳的主体としての人間を中心にしての統一の方向へと、導く役割を果たしているからである。詳論はできないが、ホワイトヘッドの、感情と美を中心とした有機体の哲学は、勿論カントの『第三批判』とは大きく相違しているとは言え、後者が原型となっていると理解できるのである。

カントの『宗教論』については、人間の悪の問題が、原罪としてではなく根源悪（das radikale Böse）の問題として扱われている。しかし、人間における傾向性（Neigung）と性癖（Hang）による悪は、カントでは理性を基礎とした自由と道徳法則によって克服されることにはなるが、本当にそのような考え方で、つまり、「行」や「宗教的修練としての行」なくして、悪が克服されるかという問題も、本稿では割愛したい。

四　カントが到達した「美の形」

周知のようにカントでは、理性（＝広義の理性）は理論理性（＝悟性）と実践理性（＝狭義の理性）とに分離されてその働きが考察された。そしてその後で、理論理性と実践理性の両者は判断力によって総合的に理解されようとした。理論理性（悟性）は、知性によって真理を探究し、実践理性（狭義の理性）では意志の働きによって善が実践的自由と道徳法則との連関の中で自覚的に成就されようとし、判断力では感情の働きによって美が追求された。理論理性が働く場合には、カントでは悟性に生きる人間の自我は感性界を、対象化、客観化、記号化等の主観―客観―図式を基礎としながら、構想力によって真理を認識しようとした。しかし、実践理性が働く場合には、道徳的世界での目的自体としての「本来の自己」や本来の自己における「人格の尊厳性」が主張されることによって、「神」、「自由」そして「魂の不死」が理論理性においてのように「仮象の論理」（Die Logik des Scheins）ないしは「先験的弁証論」においてのように思惟されるのではなく、実践的に究められることによって主語論理が破られる方向へと深められ、後年の西田哲学やホワイトヘッドに見られるような述語的な自覚の論理が成り立っている。したがって、理論理性と実践理性の間には、大きな対立的関係が存している。これら両者のいわば相反する二つの理性の働きが、カントでは、目的論的に総合的に働く判断力（独語：Urteilskraft,

英語：the Power of Judgement）によって総合されようと試みられている。普遍が特殊へと適用される能力である「判断力」はカントでは、周知のように、「規定的判断力」と「反省的判断力」との二種に分けられている。既述のように、前者は「構成的原理」として働き、普遍が「自然の法則」の場合には図式が媒介となり、普遍が「自由の法則」の場合には「範型」が媒介となる。後者の「反省的判断力」は統制的原理として働くが、自然の形式的目的性を快・不快の感情というわば「趣味的な感情」によって美学的に判断する「美学的判断力」の対象がカントにおける一方での、自然や芸術における「美の形」である。しかし、他方では、自然の実在的合目的性が理論理性と実践理性によって客観的に反省される「目的論的判断力」として働く。しかし、カント哲学での、理論理性と実践理性の両者が総合的に理解されようとする感情を基礎とした「美の形」は、「目的論的判断力」においても、自然の合目的性が、自然概念から「道徳法則」の存在根拠である「実践的自由」の概念へと転じて行く方向へと動いているので、「美学的判断力」のみならず、「目的論的判断力」も共に、道徳的な主体としての本来的な人間のあり方である真の人格的な人間として、漸近線的にしか近づけ得ない目的としての「目的の王国」の構成員であることと同時に、感情を基礎とした目的としての「美の姿」であることとを可能にしていると理解されるのである。

無論、カントの「美の形」は、可視的で、形象となった「美の形」ではない。しかし、これは、「形なき形」としての「美の形」でもない。本来的な「形なき形」としての「美の形」は、老子の「道徳経」や西田哲学で語られているような「形なき形」としての「美」である。「形なき形」は、可視的な形象、つまり、現象界の一々の可視的な姿がそこから生まれ出てくる、現象界の根底に、西田哲学においてのような、「今、ここ」に「絶対の現在」として開けている「開け」(独語:Offenheit, 英語:openness)でもある。しかし、カントでの上に述べた「美の形」は、「今、ここ」の「絶対現在」としての「開け」にまでは到っていない。しかしながら、カント以後の、知性にではなく、感情に哲学の核心がおかれたホワイトヘッドの有機体の哲学や、単なる対象論理的な思弁にではなく詩人のヘルダーリン(一七七〇~一八四三)におけるような詩歌の世界に本来的な哲学を模索したハイデガーの解釈学的現象学や、情意が基礎となって、自覚における「述語的論理」や、主語と述語が繋辞を挟んで可逆的な関係にある「繋辞の論理」が西田哲学で究明され得た基礎は、カントが三批判書で到達した「美の形」に存すると考えられるのである。西田哲学の「絶対無の場所」へと通じて行くような、カントの開き示した「構想力」によっても支えられていると考えられる「美の形」は、現代の哲学や美学にどれだけ大きな影響を与えているか分からない程の暗示的な力となっていると考えられるのである。一般的には、カントの『第三批判』や美学の欠陥ばかりが述べられるが、本章では、カントの到った「美の形」が如何に大きな影響力をその後の哲学に与えているかが示されようとした。

「形なき形」は、先に述べた、カントでの「構想力」、あるいは、古代ギリシアの哲学者のアリストテレスにおける「共通感覚」のような働きを持ち、一切の形象を可能にする。しかしながら、カントが到達した「美の形」は、次の二点で、先に挙げたカント以後の感情を基礎として求められた美とは相違している。第一は、カントでは先験的統覚としての“Ich denke”を基礎とした主観―客観―図式が成り立っており、対象論理が未だ広く妥当している。しかし、その後の哲学者たちにおいては、ここでは詳論できないが、物理学における相対性理論や不確定性原理や量子理論等の影響とも相俟って、主客の分離は超脱され、自覚を核心とした所謂西田哲学におけるような「述語的論理」が妥当していることである。第二は、カントでは理性の働きとしての知情意が分離され、しかる後に感情によって創造の目的が、意志や知性をも含めて総合的に理解されようとしている。しかしこれに対して、カント以後の哲学では、最初から知情意が分離されることはなく、感情や情意が基礎におかれて、その基礎の上に知性が働く構造となっていることである。

しかし、それにしても、カントが到達した「美の形」の、その後の哲学への大きな影響は、どれほど高く評価されても評価され過ぎることはないであろう。

註

（1）カントの『第一批判』での二律背反についての詳しい内容は、以下の書を参照。『純粋理性批判』三、天野貞祐訳、講談社学術文庫、一九七九年。

（2）『西谷啓治著作集』第一三巻（『哲学論考』）創文社、一九八七年、一五四頁参照。

（3）I. Kant, *Kritik der reinen Vernunft*, Felix Meiner Verlag, Hamburg, 1990, A. 805, B.833.

（4）Cf. M. Buber, *Das Problem des Menschen*, Verlag Lambert Schneider, München, 1948, S.10-11.

（5）詳しくは、註1を参照。四つの二律背反の宇宙的理念におけるそれぞれの先験的理念は、①では「結合」、②では「役割」、③では「成立」、④では「依存」となっている。

（6）カントの『第一批判』での原則（Grundsatz）は、「直接的に確実な先天的判断」（unmittelbar gewisse Urteile a priori）と言われており、また原理（Prinzipien, Anfaenge）とも言われている。

　また、「原則」の分析論は判断力に対する基準（Kanon）と言われている。「判断力」は、『第一批判』では「規則の下に包摂する能力」（Wissenschaftliche Buchgesellschaft, 1983, Darmstadt, A.133, B.172）とされ、先に見た『第三批判』における判断力よりは広範囲に亘っている。

（7）西谷哲学の「真如」の経験については、『西谷啓治著作集』第一〇巻（『宗教とは何か』）一九八七年、一七七、一八二、三〇八頁参照。

（8）『西谷啓治著作集』第一三巻、一四三頁（「「事事無礙」と言うことは、一切の理路を絶したところ」）参照。

（9）D. Henrich, *Die Systematische Form der Philosophie Kants*, 1978. 本書の日本語翻訳：『カント哲学の体系形式』理想社、門脇卓爾監訳、一九七九年、二五五頁参照。著者がハイデガーの考えに賛同するのは、絶対無の場所では、述語的論理や繋辞の論理が妥当し、究極的には

「私」(Ich) と「世界」(Welt) とは、「一」であるからであり、“Ich denke.”は、世界 (Die Welt denkt.) と一になり、実体としての“Ich denke”自体は、消失するからである。

(10) M. Heidegger, *Kant und das Problem der Metaphysik*, Gesamtausgabe, Bd.3, Vittorio Klostermann, Frankfurt a. Main, 1991, S.137. 日本語訳：『カントと形而上学の問題』門脇卓爾、ハルトムート・ブフナー訳『ハイデッガー全集』第三巻、創文社、二〇〇三年、一三九頁参照。

(11) カントの『第二批判』での道徳法則は、「汝の行為の意志の格律が常に同時に普遍的立法の原理として妥当するように行為せよ」という命令形をとり、当為 (Sollen) となっている。

(12)『西田幾多郎全集』第一一巻、岩波書店、一九六五年、七七頁参照。繋辞の論理とは、一命題において主語と述語が可逆的関係にある論理。例としては、事事無礙の世界での論理が挙げられよう。

(13)『西田幾多郎全集』第五巻、一九六五年、四八一頁参照。

第四章　「絶対無の哲学」における歴史理解──西田哲学を介して──

はじめに

歴史理解には様々ある。カー（Edward Hallett Carr, 1892-1982）は歴史を「現在と過去との対話」と、また、トインビー（Arnold Joseph Toynbee, 1889-1975）は人類の歴史をいわば発展・展開して行く「宗教の歴史」と理解しようとしている。本章では、西田幾多郎（一八七〇～一九四五）の「絶対無の哲学」における歴史はどのように理解されるかが探究される。歴史は、近世のヘーゲル（Georg Wilhelm Friedrich Hegel, 1770-1831）に至って初めて、哲学における思惟の事柄となった。ヨーロッパの伝統的形而上学としての哲学における思惟の事柄は、古代前期は超越と人間との次元の上位に立つ「自然」、古代後期は超越と自然との次元の上位に置かれた「人間」、中世は自然と人間との上位の次元に立つ「超越の次元」であった。しかし、ルネサンス以降は、人間、超越の次元、自然（科学）はそれぞれ独立し始め、これら三者の「一」なる世界が現代では探求されている。

さて、ヘーゲルまでの主流の形而上学の哲学としての歴史観は、絶対理念としてのキリスト教の神が自発自転的に展開する「超越的歴史観」が基礎であった。それは、永遠・普遍の単に実体的な絶対有の神の経綸が基礎となった「終末論的歴史観」であった。

しかし、西田の「絶対無の哲学」においては、キリスト教の神は「絶対無の神」と理解されている。「絶対無の神」は、伝統的なキリスト教の絶対有の神が、自らの権威的、実体的な「絶対有の神」が自己無化して（新約聖書「フィリピの信徒への手紙」2・7）、受肉、磔刑、復活、昇天、更に聖霊としてこの世界に降臨する「三位一体の神」である。三位一体の神の出来事は、同時に、権威的権力的な実体的絶対有の神が無実化し、それに伴い神的愛であるアガペーが湧出し、この世の人々と共にそれぞれの出来事の中で「霊」として働く。しかしながら、西田が語る「絶対無の場所」が、つまり「絶対の無限の開け」である「絶対無の神」が、自らの立場の二重否定が常に繰り返されて行く「霊」として働くには、「出来事」の内に働く人々の個の「自覚」(Self-awareness)の立場での自らの二重否定としての修練である「己事究明」が課せられる。

「己事究明」は西田が語るように、「自己が自己において自己を見る」個が、「真の自己」（無形相の乃至は「無相の自己」）へと深まる、後述のような個の自らの立場の「二重否定」[1]によって成り立つ非連続の連続的道程である。しかし、個の「己事究明」における二重否定の「非連続の連続的」道程は、「絶対無の神」や「自己無化」「自己空化」の神からの「神的な愛としてのアガペー(agape)」の湧出と共にこの世で働く「働きの神」としての「霊」（伝統的キリスト教では「聖霊」）との協働の段階によって形成されてくる「二重否定の物語」としての「歴史」が、つまり、個の自覚の時間的次元での深化の諸段階に従っての、個における「世界の自覚」という空間的次元とでの、自己と世界の自覚のバランスの度合いに従っての、諸段階の瞬時瞬時の「物語としての歴史」が形成されていく。発生論的には「世界の自覚」の内に個の「自己の自覚」が成り立つが、己事究明においては「自己の自覚」が先行する。即ち、「自我」から「実存」へ、「実存」から「生」へ、「生」から「虚無」へ、「虚無」から「真の自己」へという方向で、時間・空間を超えた瞬時における時空の一致が可能である「絶対無」の哲学における「歴史」が成り立つ。そこで、以下においては、「絶対無の哲学」における個の「己事究明」の修練の諸段階で成り立っている歴史理解が論究される。その場合に、「絶対無の場所」乃至「開け」の二重否定は、常に「己事究明」の基礎として「己事究明」の諸段階へのアガペーの「呼びかけ」として語りかけられている。

一　個の「自我」段階での歴史理解（代表例：ヘーゲル）

生まれながらの理性に生きる自我においては「絶対無の神」は未だ自覚されていない。したがって、神や仏等の超越の次元は、絶対的な権威と権力を持った永遠、普遍の単に「実体的」な力と理解されている。しかも、この段階では時間は、ちょうど川の流れのように、連続的に流れ、「歴史」は諸出来事の連続的羅列となる。歴史が「哲学の思惟の事柄」となるのは、西欧の古代ギリシア哲学以来の伝統的哲学の頂点に位置するヘーゲルにおいて初めてである。しかし、ヘーゲルの歴史観は、絶対理念としてのキリスト教の神が、人間の精神の諸段階において論理学、自然哲学、精神哲学へと自発自転的に展開し、繰り返し出発点の論理学へと帰還する「超越的歴史観」であった。それは、永遠、普遍の実体的な絶対有の神の経綸が基礎となった、時は未来の終末から過去へと流れて行く、いわば「将来的終末論的歴史観」[2]であった。ヘーゲルにおいては、歴史が「思惟の事柄」として哲学的に思惟はされたものの、人間の生まれながらの理性は、「理性の狡智」(die List der Vernunft)[3]によって、絶対理念の自己展開への歩みを全うして行くと考えられている。彼の歴史観には、神にも人間の個の理性にも「二重の否定」は見出されない。そこでは、時の流れと世界(社会)という空間は、実体的神の経綸によって成り立っている。しかしながら、思惟の枠組み乃至は基盤である「絶対有のパラダイム」は、ティリッヒ(Paul Johannes Tillich, 1886-1965)が語るような、存在的不安、道徳的不安、精神的不安により破られ、個は実存(ek-sistere 脱自存在)へと脱自して行く。

二　個の「実存」段階での歴史理解(代表例：ハイデガー)

自我から実存への個の修練段階では、自我(ego)は自我を脱却して実存へと脱皮した「脱自存在」として生きている。この脱皮は、この「自覚」(self-awareness)によって惹起される。というのも、例えば、キェルケゴールが語るように「愛や神への信仰」は、悟性によっては説明や理解は不可能であるからである。この段階は、「瞬間」における「時の充実」（die Fülle der Zeit）が可能である。しかも、「時の充実」においては空間として成り立つ「世界」は、時間・空間を超えた次元として成り立っている。しかしながら、この段階の思考の枠組み乃至基盤としてのパラダイムは「相対的無」である。その為に、瞬間の「時の充実」に生き得ない脱自存在には、退屈や不安や絶望が襲ってくる。したがって、この段階の歴史理解は、未だ、生成する出来事の超越的次元や自らの立場の二重否定の組織的乃至方法的理解へは至っていない。このことは、存在の用語の変遷（＝存在するもの〈das Seiende〉、有そのもの〈das Sein selbst〉、妙有〈Seyn, Seyn の上に×をつけた表記〉）からも理解され得るように、静的（static）な「存在」から抜け切れていない。

しかし、ハイデガー（Martin Heidegger, 1889-1976）の初期の *Sein und Zeit*（一九二七年）では、現有（Da-sein 現に有る、現に開示されている）の本質は実存（existence）であるが、Da-sein の“Da-”では閉ざされていないという「開示性」（Erschlossenheit）が意味されている。[5] それ故、Dasein の外に歴史が対象的に見られるのではなく、現有自身のうちに開けている有（Sein）が歴史の本質の問題となってきている。また、その後の *Über den Humanismus*（一九四七年）では、存在（Sein）それ自身は光であると語られ、[6] この光こそが、形而上学の「存在命運」（Seinsgeschick）の内で人間に Sein 自身の開け（Da-）を体得せしめると考えられている。次いで、*Identität und Differenz*（一九五七年）では、人間と存在との同一性の本質が、Sein の自性が「内から外へ露わとなる」（Ereignis）[7] 性起において考えられている。また、この三年前の論文 "Dichterisch wohnet der Mensch"[8] では、既に「天」と「地」と「神的なものたち」と「死を能くする者たち」とが「一」（Einheit）に成り立っている四方界（Geviert）[9] が遊技とも言い得る共働（Spiegel-Spiel）[10] する場が世界と理解されている。つまり、Da-sein の "Da-" が Sein の開示性であるという理解から、Sein が各個の人間に開けているという理解の深まりを経て、Sein それ自身からの Eignis（有の自性の開示）という理解へと開け、各個における「人間と存在」との同一性が明らかにされることによって、この世界とその歴史は、性起によって成り立つ四方界に働く存在史（Seinsgeschichte）と理解されている。

以上のハイデガーにおける存在史的（seinsgeschichtlich）な世界理解においては、彼以前の伝統的形而上学を「存在（有）―神―論的」（onto-theo-logisch）と批判し、有そのもの（Sein selbst）の「自ずから然る」という自然法爾の意味において理解される四方界（Geviert）への「開けへの生成」という意味での「自らの否定」は見られる。しかし、その開けによって、有それ自身（Sein selbst）が無実体化するという「二重否定」についての詳論は未だ明確ではない。その上、人間の個の側の、万物に通底する「無実体的な真の自己」への道程が詳しくは考察されていない。

三　個の「生」段階での歴史理解（代表例：ディルタイ）

「生」の修練段階での歴史理解においては、例えばディルタイ（Wilhelm Dilthey, 1833-1911）に見られるように、世界史は個と世界を包摂する「生の連関」としての生（life）そのものに内在する直観から生じてくると考えられている。[11] つまり、歴史理解は万人に共通の「生の構造」(Lebensstruktur) とこれをも包摂する世界との連関から理解されようとしている。ディルタイは、一九〇三年の七十歳の誕生日記念会の挨拶で、彼の生涯の哲学的課題は、「歴史的理性批判」であると述べたと伝えられている。彼は、カントの「純粋理性批判」を「自然科学の認識論的基礎付け」と理解した反面、自然科学からは切り離された「精神科学」の認識原理を「歴史的理性」と見なしている。しかも、超越の次元を重要とは見なさなかったディルタイにおいては、形而上学も体系的な学としては不可能という考察に基づいた人間の歴史認識の能力の基礎付けとしての「歴史的理性批判」から「生」における心理学、音楽、詩、文学等が「歴史」の形成の支えと成っている。[12]「解釈学」がディルタイの哲学の中心的問題となるのも、彼が内在的な歴史理解に哲学的課題を見出していることを示している。しかし、「生」やその世界との連関の中での歴史理解は、ニーチェの歴史理解に典型的に見られるように、「虚無」の場へと、運命愛（amor fati）に基づき、自らが「運命の主」となって、「同じものの永劫回帰」(die ewige Wiederkehr des

Gleichen）の歴史理解へと変転して行く。

四　個の「虚無」段階での歴史理解（代表例：ニーチェ）

ヘーゲルの歴史の考察やハイデガーのDa-seinのDa-に開けている「有そのもの」の本質である開示（Erschlossenheit）という、「超越的歴史理解」も、更には、ディルタイにおけるような、生と世界との連関の中での内在的歴史理解も、個が「自我」から「実存」へ、「実存」から「生」へ、更には「生」から「虚無」へと没落していく。

しかしながら、例えば、虚無主義（ニヒリズム）を貫くことによって虚無を克復しようとしたニーチェ（Friedrich Wilhelm Nietzsche, 1944-1900）は、自らが運命を支配する運命の主となり、運命愛（amor fati）[13]をもって生きようとする「力への意志」（der Wille zur Macht）[14]により、同じものが永劫に回帰する（die ewige Wiederkehr des Gleichen）[15]と理解した「歴史」を克復しようとした。しかし、このような歴史理解は、「虚無」から更にもう一歩「絶対無」の開けへと修練の中で飛躍的に突破して行くと、個は二重否定（即ち、自我の大死という否定と、大死から万物に通底する「真の自己」へ、という二度目の否定）により、「真の自己」へと開けていく。というのも、一切を包摂する「絶対無の開け」においては、「絶対無」の「二重の否定」と「個」の「二重否定」が「一」に帰するからである。

五　個の虚無から「真の自己」への段階での歴史理解（代表例：禅仏教）

「己事究明」における「真の自己」への修練段階は、大乗仏教の、特に禅仏教において典型的に顕われている。その例としては、中国の南宋の廓庵禅師の「十牛図」がしばしば示される。しかし、ここでは十七世紀の洞山良价と曹山本寂による「正偏五位」（正中偏、偏中正、正中来、兼〈あるいは偏〉中至、兼中到[16]）によって考察される。正位は空の世界であり、偏位は「色即是空」と語られるときの「色[17]」であり、現象界である。したがって、「正中偏」は、単に正位だけでは正ではなく、また「偏中正」も単に偏位だけでは偏ではないことが示されている。また、正中来（正にも偏にも住していない）、兼（ないし偏）中至、兼中到は、偏正一体であることを、つまり、偏も正も超えられ、かつ両者が包摂されて、両者が兼ね備わっている境涯を示す。これは、例えば六祖慧能（六三八〜七一五）が五祖弘忍（六〇二〜六七五）から示された「金剛経」の「応無処住而生其心」（将に住む処無くしてその心を生ず[18]）という常なる生成に存する境涯である。

このような理解では、空の場の開けでは正と偏とが兼ね備えられ、しかも両者を超脱している開けでの世界と個との両者の自らの立場の「二重の否定」によって生じてくる両者の「一」から生成されてくる出来事の物語が歴史となる。というのも、「絶対無」の「場の開け」である「空」の開けは、常に自らの「立場無き立場」において成り立っている「二重の否定」によって、個が開けへと呼び戻されようとしているからと考えられるからである。

六　「絶対無の哲学」における歴史理解

「絶対無」[19]の哲学における個は、絶対無の場所である絶対の無限の開けにおいて常に生成の歩みを続けている。この「開け」は、個の「己事究明」の既述のすべての修練段階に開けている。しかし、この「開け」が、個によって「自覚」されるには、最終的に「虚無」の壁が突破されなければならない。「虚無」の壁が突破されれば、「大死一番乾坤新たなり」と、一切は新たに経験され、万物に通底する「真の自己」（＝無相の自己）が覚される。「虚無から絶対無」への突破は、この自我が、単なる理性や欲望のレベルの生から解き放たれ、自我が無化されることによって、「絶対無の開け」から更にその立場が否定されることによって湧出してくる神的愛であるアガペーの働きと一体化して初めて可能である。個において、生まれながらの実体的「自我」が無化（＝第一の否定）し、それと同時に無化した自我が、万物に通底する無実体的な「真の自己」へと再生（＝第二の否定）することによって初めて、自らの立場の二重否定を介しての「絶対無の開け」[20]との齟齬無き透明な「一」に生き得る。

このような「開け」での「歴史」は、時間・空間を超えた時空一致の瞬時瞬時における、二重否定を経ている「絶対無の場所」である開けと、個の自らの立場の二重の否定を経た「無相の自己」との「一」の各出来事の物語である。いわば二重否定という要から見られた生成の物語である。それは、例えば、諸々の禅語録あるいはエックハルト（Meister Eckhart, ca.1260-ca.1328）の論集等にしばしば見られる。梁の武帝の問い（如何なるか是れ聖諦第一義）に対する達磨の答え「廓然無聖」（＝広々として聖という影もない）[21]にも見られるような物語が次々と非連続的に展開されて行く出来事としての様々な物語の「非連続の連続的物語」としての歴史が、成り立つと考えられるのである。

註

（1）個の二重否定とは、生まれながらの自我（ego）の大死（＝第一の否定）によってと同時に、無実体的な「真の自己」へと生まれ変わること（＝第二の否定）。

（2）「将来的終末論」は、新約聖書のマタイ、マルコ、ルカによる三福音書における、この世のいつか将来に最期の審判としての終末が訪れるという考えである。これに対して、新約聖書のヨハネの福音書（西暦九〇年頃の成立）においては、なかなか到来してこないこの世の終わりとしての終末は、その当時の各々の該当する現在において、すでに到来しており、キリスト教を信じる者はすでに神の国へと、信じない者は黄泉の国へと、すでに審判を受けているという「現在的終末論」が生じている。

（3）G. W. F. Hegel, Vorlesungen über die Philosophie der Geschichte, *Werke in zwanzig Baenden*, Band 12, 'Theorie Werkausgabe', Suhrkamp Verlag, 1970. S.49.

（4）古代ギリシア哲学以来現代までの、思考の枠組み乃至基盤としてのパラダイムは以下の五つであったと理解され得る。①ソクラテス以前の自然哲学や唯物論における時と共に朽ちる「相対有」、②中世のキリスト教に見られるような実体的な「絶対有」、③実存思想や実存哲学に見られる退屈、不安、絶望等の「相対無」、④ニーチェのニヒリズムに見られる「虚無」、⑤西田哲学におけるような、上記の四パラダイムをも包摂する、無実体的な絶対有でもある「絶対無」。したがって二十世紀の西田哲学の提唱以後では、パラダイムの転換（paradigm shift）が生ずべきと考えられる。

（5）M. Heidegger, *Sein und Zeit*, Max Niemeyer Verlag, Tübingen, 1960, S.33.

（6）M. Heidegger, *Über den Humanisimus*, Vittorio Klostermann, Frankfurt a. Main, 1947, S.20.

（7）M. Heidegger, *Identität und Differenz*, Günther Neske, Pfullingen, 1957, S.27, 30.

（8）この論文は、以下の書に掲載されている。M. Heidegger, *Vorträge und Aufsätze*, Neske, 1978, S.181-198.

（9）“Geviert”については、註8の書のS.170-172参照。

（10）Op.cit., S.171-174. Spiegel-Spielについては、華厳のIndra's Netとの類似性がある。つまり、悟りの境涯としての、各個を示す網の結び目にはめ込まれた宝石の、映し合いの世界が思い出される。

（11）W. Dilthey, Die Typen der Weltanschauung und ihre Ausbildung in den metaphysischen Systemen, *Gesammelte Werke*, Band III. Vandenhoeck & Ruprecht in Göttingen, 1962,

S.75-118.

(12) W. Dilthey, op.cit. Band VII, 1958, S.75.

(13) F. W. Nietzsche, *Werke in drei Baenden*, Band III, Hanser, 1966, S.834.

(14) Op.cit., Band II, S.372, 819.

(15) Op.cit., Band III, S.853, 861.

(16) 洞山良价（とうざんりょうかい）と曹山本寂（そうざんほんじゃく）による正偏五位（しょうへんごい）は、正中偏、偏中正、正中来、兼（ないし偏）中至、兼中到からなる。正は平等を、偏は差別を意味する。正と偏の五通りの組み合わせ形式によって、仏法の大意が示されている。即ち、平等即差別、理事円融の世界が示されている（『禅学大辞典』下巻、大修館書店、一九七八年、一一一五頁参照）。

(17) 『久松真一著作集』第六巻（『経録抄』）理想社、一九七三年、四三五頁参照。

(18) 典座であった慧能は、五祖弘忍の法嗣として六祖となる。しかし、その折に、まだ不十分な点として、金剛経の「応無処住而生其心」が示された。

(19) 空の場の開けにおける「二重否定」によって、実体的な「開け」乃至「超越の次元」が「無実体的な開け」乃至「無実体的な超越の次元」へと生成することが、即ち、涅槃がそのまま生死の世界であり、したがって、勝義の悟り（勝義諦）の世界がそのまま世俗の世界（世俗諦）と「一」であることが可能になる「絶対の無限の開け」である。

(20) 「絶対無」の場所である絶対無限の「開け」の二重否定とは、永遠、普遍の実体的な権威ある神でもある「絶対無の神」が、自らの権威ある永遠、普遍の実体的働きを「無化」（第一の否定）して、それと同時に「働き無き」開けから無実体的なアガペーの働きへと生まれ変わる（第二の否定）という二重否定である。「絶対無」とは、仏教における「空」が換骨奪胎して哲学上の用語となっている用語である。

(21)『禅の語録』一五（『雪竇頌古』）入矢義高、梶谷宗忍、柳田聖山著、筑摩書房、一九八一年、九頁。『碧巌集』（仏典講座29）平田高士著、大蔵出版、一九八二年、四六、四七頁参照。

第五章　「存在と生成」の問題

——西谷宗教哲学の「己事究明」とホワイトヘッドの「出来事」を介して——

はじめに

古代ギリシアの哲学以来ハイデガーに至る西欧の伝統的な主流の形而上学としての哲学の主題は、存在論であった。その存在論の理解は、生まれながらの理性やロゴスによって可能とされてきた。このような存在論においては、主語論理が支配し、時間と共に生成変化する現象界の出来事が等閑視されて来た。古代ギリシア哲学以来ヘーゲルに至る西欧の伝統的な主流の形而上学としての哲学を批判し、新しい「解釈学的現象学」を提唱したハイデガーといえども、存在（Sein）をSeynと修正し、後者を更にSeinの上に×印を付して再度修正した。しかし、それでも現象界は、哲学的には有そのもの（das Sein selbst）から性起する（sich ereignen）と理解されている。無論、ハイデガーは最終的には、西田哲学の「絶対無の場所」を連想させるような「場所」（Ort）[1]について語ってはいる。しかし、前者における場所は、森羅万象を包摂するような西田哲学における「絶対無の場所」とは相違している。また、場所と場所から性起してくる各個との矛盾的自己同一性も明確には語られていない。西欧の主流の哲学が「存在論」(Ontologie) や「存在（有）—神—論」(Onto-theo-logie) から脱却できなかったのは、古代ギリシア哲学が基礎となり、他方ユダヤ教から引き継がれてきていたキリスト教からの「生成」「出来事」「働き」の影響を受けながらも、自らの存在論的な思考の基礎の上で西欧の主流の哲学が形成されてきたことによると考えられる。古代ギリシア哲学の実体的に考えられていたイデア (idea 原型)、ウジア (ousia 本質)、エイドス (eidos 形相) がキリスト教の神をも実体化したと理解されうる。その原因は、周知のように、旧約聖書でモーゼによって名を聞かれた神が、自らの名を「我はあるであろうところのものであろう」(「出エジプト記」3・14) と答えた。が、これがヒブル語原典からギリシア語の七十人訳（セプトゥアギンタ、Septuaginta）に翻訳されたとき（先ずモーゼ五書が紀元前三世紀中頃）に、英語の be 動詞に対応するヒブル語の「ある」(hayah) とギリシア語の「ある」(einai) との意味内容が全く相違することに起因した。[2] つまり、ヒブル語では力動的な生成の出来事を表す動詞が、静的で存在論的ギリシア語の動詞に翻訳されてしまったからであった。この事実は、周知のように、ノルウェーの聖書学者ボーマン (Thorleif Boman, 1894-1978)[3] や日本の有賀鐵太郎（一八九九〜一九七七）[4] によって詳細に示されている。

さて、以上の、西欧における伝統的な主流の形而上学である存在論としての哲学ではなく、先に挙げた古代ヒブルの世界でのダイナミックな生成の出来事を示す方向に展開されている西谷宗教哲学とホワイトヘッドの宗教哲学が、本章では論究される。

京都学派の哲学の創始者である西田幾多郎（一八七〇～一九四五）の「絶対無の場所」の哲学と、その後継者田辺元（一八八五～一九六二）の「種の論理」との両者から深い影響を受けた西谷啓治（一九〇〇～一九九〇）の「空の哲学」においては、西田の「絶対無の場所」の哲学がその根本に据えられているが、田辺哲学の「種の論理」も踏まえられている。しかも、西谷宗教哲学においては、存在から生成への展開が深く考察され抜かれている。

これに対して、有機体の哲学を提唱したホワイトヘッド（一八六一～一九四七）においては、生活や文化や思考の枠組みないし基盤としてのパラダイムは、古代ギリシア哲学以来の西欧の伝統的な哲学の枠組みないし基礎としてのパラダイムであった相対有、相対無、絶対有、虚無の何れでもない。そうではなく、それらのパラダイムのすべてを包摂する、三つの究極的範疇の一つである創造性（creativity）と、永遠的客体（eternal object）である。ホワイトヘッドにおける永遠的客体とは、プラトンの『ティマイオス』（*Timaeus*）におけるギリシア語の chora が場（field）とか受容者（receptacle）と理解され、それが形となったいわばイデアと理解され得る。ホワイトヘッドでは場所と個との間に、永遠的客体（eternal object）が媒介（mediation）の役割を担っている。その上、ホワイトヘッドでは、類と種と個とが一に考察されている。本章では、彼における出来事での生成から論究される。論究に先立ち、西田・西谷そしてアメリカへ移住後のホワイトヘッドの哲学には、最終的にはそれらの根底に「誠」や「自覚」という宗教が据えられているので、彼ら三者の哲学は本章では宗教哲学と理解されていることが、付言されねばならない。

一　西谷宗教哲学における「存在」から「生成」へ

人間の個は、物心ついた頃からの自らについての自覚は、先ず「存在」としての「自我」(ego)から出発する。無論、西谷哲学においては、本章の後半で見られるように、個の「自己」の立場と社会の「種」の立場と世界の類（普遍）の立場とが「一」に考察され、経験されて行く立場である。しかし、一般的には人間の個は、物心がつき始めるや、先ず他者から独立した存在としての「自我」を形成して行く。しかし、キェルケゴール（Søren Kierkegaard, 1813-1855）やハイデガー（Martin Heidegger, 1889-1976）による、人間の個における不安や絶望や退屈の探求から、前者のキェルケゴールでは単独者（der Einzelne）と神との齟齬なき関係から、また、後者のハイデガーでは現有（Dasein）における「有そのもの」（das Sein selbst）からの性起（sich ereignen）から、前者では自我からの脱自存在としての実存（die Existenz）が、後者のハイデガーでは現有（das Dasein）が露わにされた。実存や現有は、その後ニーチェにより代表されるような「生」（das Leben）の哲学へと、人間の寄る辺なきあり方の探求は深められて行く。「生」のあり方は、更にもう一歩進んで、京都学派の哲学の創始者西田幾多郎やその後継者のひとりの西谷啓治の哲学に見られるように、森羅万象に通底し、しかも世界と「一」に成り立っている形なき、実体なき「自己」へと深められて行く。

以上のような人間の個の、「自我」から「実存」へ、「実存」から「生」へ、「生」から万物の一々と絶対の断絶のうちにありながら、同時に万物に通底している「真の自己」（久松真一、一八八九〜一九八〇）である所謂「無相の自己」（formless self）への深まりは、西谷啓治の宗教哲学においてのみならず、彼と同時期の宗教哲学者にしてキリスト教の組織神学者であるティリッヒ（Paul Tillich, 1886-1965）の『組織神学』（*Systematic Theology*, 1951-1963）においても示されている。西谷哲学に先立って、先ずティリッヒの存在論を簡略に見ておくと、ティリッヒはこの著書において、宗教哲学における「理性、存在、実存、生、歴史」の考察を順次、キリスト教における「啓示、神、キリスト、霊、神の国」に対応させて、考察している。

しかしながら、ティリッヒでの「理性」は、西谷宗教哲学においては「悟性」に対応しており、ティリッヒでの「存在」は後者の「自我」に対応し、「実存」はティリッヒにおいてと同様に「実存」と理解され、「生」も同様に「生」として理解され、「歴史」は西谷哲学では真の自己から成る「空の歴史の世界」に対応している。ティリッヒにおける信仰に基礎づけられた信仰→父（なる神）→子（なる神）→霊→神の国という発展は、西谷宗教哲学においては順次、以下のように対応していると理解されうる。すなわち、ティリッヒにおける「信仰」には西谷宗教哲学における「覚」が、前者の「父」なる神には後者の「空の開け」が、キリストである「子」には万物の各「個」が、「霊」には「自体」（selfness）の立場が、「神の国」には「真如の世界」が。

西谷哲学は、卒業論文の一部でもあった「Das Reale と das Ideale——シェリングの同一哲学を中心として」[5]から出発して、『西谷啓治著作集』（全二六巻、一九八六〜一九九〇年）の第一巻『根源的主体性の哲学・正』（ca.1928-1940）と第二巻『根源的主体性の哲学・続』（ca.1924-1940）に見られるように、エックハルト（Meister Eckhart, ca.1260-1328）やニーチェ（Friedrich Wilhelm Nietzsche, 1844-1900）における人間の「生」の根源性の探求に、そしてまた、シェリング（Friedrich Wilhelm Joseph von Schelling, 1775-1854）やカント（Immanuel Kant, 1724-1804）における、前者での実在的なものと観念的なものの同一性や後者での理論理性的なものと実践理性的なものとの根源としての美学的判断力や自然における目的論的判断力として働く審美的な理念の探究へと展開されて行く。この方向は、『神と絶対無』（一九四八年）や『アリストテレス論攷』（一九四八年）での「共通感覚」の論究、また、ニヒリズムの研究を経て、森羅万象がすべてそこで成り立っている、『宗教とは何か』（一九六一年）に見られるような「空」の開けへと深められて行く。西谷哲学における「空」では、西田哲学の個と普遍の両方の立場が同等に成り立つ「絶対無」の場所の開けが踏まえられながら、そこには田辺元による西田哲学への批判として挙げられる「種の論理」が嵌め込まれている。周知のように、田辺は西田哲学には類（普遍）の立場の論理は究められてはいても、「種の論理」が欠けていると批判した。しかし、西谷は、根源的主体性としての自己の究明、すなわち「己事究明」から出発する。「己事究明」といえば、言うまでもなく人間の各々の個が真の自己を目指して修行する継続的な歩みであり、国家や民族や各種のグループを意味する「種」とは無関係の如くに理解されがちである。しかし、西谷哲学においては、「己事究明」から「種」の立場をも「類」の立場をも包摂する「空」（emptiness. 晩年には「事事無礙」）の立場が開けてくる。

しかし、空の開けが開けるまでには、西谷哲学においては、先ず人間の各個における、既述のように、「自我」から「実存」へ、「実存」から「生」へ、「生」から「虚無的な生き方」へ、そして、「虚無的な生き方」から「真の自己」への自己深化が究められようとしている。しかも、既述のように、哲学的には個は、先ず自我から始まり、自我は、自覚の深まりに従って順次、実存へと、実存は生へと、生は虚無的な生き方を経て真の「自己」へと展開されて行く。しかし、この宗教の「己事究明」の自覚の立場では、既述のように「覚」（self-awareness, Selbst-gewahren）の立場が開かれ、「覚」は「空」の場へと開かれ、「空の開け」は各個の「霊」（pneuma）へと高められ、霊においては「自体」の立場が開かれ、「自体」（selfness）には「真如」（tatha）の世界である「事事無礙」の世界が開けてくる。その上、自我から順次各段階を経て真の「自己」へと展開する方向と、「覚」における「事事無礙」の世界が開けてくる逆からの方向とは、逆方向でありながら、両方向は西田哲学においてと同様、瞬時、瞬時、常に同時に「一」に成り立っていると理解されている。西田哲学において「絶対無の場所」は、先ず、各個の自覚が深められて、順次、判断的一般者から自覚的一般者へと開けて行き、次いでこの欲望の立場を捨てて自覚的一般者から表現的一般者（＝広義の行為的一般者）へと開けて行き、更に生まれながらの理性に生きるこの当為の立場を捨てて「弁証法的一般者」へと進み、後者は「行為的直観」（ポイエーシスの世界）として直接化され、最終的には「歴史的実在の世界」として露わとなってくると理解されている。西谷哲学においても、宗教哲学的には自己において、「覚」→「空の開け」→「霊」→「自体」→真如の「事事無礙の世界」（＝事事無礙法界）へと展開されると考察されている。そこでは、各人の「己事究明」の歩みの道は、田辺哲学の「種の論理」やティリッヒ等における如き、きめ細やかな「己事究明」の道（＝自我→実存→生→虚無的な生き方→真の自己）が示されている。

西谷宗教哲学の出発点は、生まれながらの理性が核心となっている「存在」である。この自我としての「存在」は、他者の死や種々の愛の破綻等々の経験によって、脱自存在としての「実存」へと開けて行く。しかし、個が自らを支える如何なる究極的な神や仏等々の超越者の「呼びかけの声」をも聞き得ぬ場合には、不安や絶望に戦き、如何なる支えも見出し得ぬ「生」(life) の場へと突き落とされる。支え無き個の生の立場は、生きることに何らの意味、価値、意義、目的も見出し得ず、最後的にはニヒリズムへと陥って行く。が、やがて、自らの此岸における「己事究明」の、つまり自我に死し、実存や生の立場や虚無の立場を、己を無に帰せしむることにより、くぐり抜けて行く限りなき努力と、虚無の彼方から「空」の開けが開かれてくる霊による各個の「自体」の立場との、両方向の一致により、真の自己が覚され、かつ形成されてくる。西谷は、以上のような、自我中心の段階を「ある」（＝実体的な「存在」）の立場と特徴づけ、「実存」や「生」の立場で懸命に生きる段階を「なす」（＝生成の立場）と特徴づけ、真の「自己」に生きる段階を、「なる」（＝臨済の「家舎を離れて、途中に在らず」や『金剛経』の「応無所住而生其心」〈将に住する所無くして、その心を生ずべし〉）と特徴づける。しかし、この最後の「なる」は、固定化され、実体化されたものになるのではなく、限りなく「己事究明」が続けられる段階である。というのも、生きることによってのみ体得、体認され得る「空」の開けは、各個の「己事究明」に限りなく迫ってくるからである。西谷哲学の核心は、「事事無礙」の世界に存する。[6]「空」の開けと森羅万象の各個との遊戯自在な世界の成就は、「己事究明」によってのみ可能となるからである。その場合、自我、実存、生、虚無は、万物に通底する無相の「真の自己」を目指しての各段階における媒介の役割を果たしている。つまり、ヘーゲル（Georg Wilhelm Friedrich Hegel, 1770-1831）における如き、単なる知的、量的、思弁的な論理ではなく、生活上の具体的な質的経験、内面化、情意が基礎となった各個の独自の「己事究明」における自覚が、事事無礙の世界である空の開けへの媒介となっているのである。

以上のように、西谷哲学においては、生まれながらの自我としてある「存在」が、脱自存在から更に無我への「己事究明」の生成としての「なす」による「己事究明」の途上の形成の段階を経ながら、究極的には真の自己に日々「平常底」に生きるように「なる」という立場が展開されている。

二 ホワイトヘッド宗教哲学における「生成」から「存在」へ

ホワイトヘッドの『自然の概念』（一九二〇年）においては、自然は延長（extension）と共軛（きょうやく）

(congredience)[7]という二つの関係によって関係づけられた出来事の複合体[8]である。その上、自然は過程と理解されている[9]。つまり、この大宇宙における、この段階では種々の共軛と理解されている両極性は、全体ないし部分のうちで、後年の『過程と実在』(一九二九年)では「合生」(concrescence)と表現される過程において形成され続けて行くと理解されている。『過程と実在』における「過程」の内実は、『自然の概念』において既に、自然は過程であると理解されているが、同時性(simultaneity)は瞬時性(instantaneousness)から区別され[10]、更に瞬間(moment)は瞬時(instant)における全自然[11]が意味されている。また、ホワイトヘッドでは持続(duration)は単なる瞬間的全自然の延長ではなく、その持続の場は時間的「持続の場」を超えている[12]。

それのみならず、様々な持続の関係は時間的延長と空間的延長の双方の基礎[13]と理解されている。したがって、ホワイトヘッドにおける瞬時瞬時における全自然は、単なる時間的な連続性の出来事ではなく、持続の成り立つ「場」(field)での持続以上のものを含んでいる[14]。つまり時空を超えた「延長」する「持続」からなる、内在性の立場から考えられるならば、いわば断絶的な瞬時からなる。したがって、「非連続の連続」としての過程と理解される。このような時空を超えた諸々の持続の「非連続の連続」から成り立っている過程は、西田哲学の「絶対無」の開けにおける「歴史的実在」の世界や西谷哲学における「空」の開けにおける各個の「自体」の点から成り立つ非連続の連続の世界(自然)と酷似している。

しかしながら、ホワイトヘッドにおける全宇宙でもある自然がいわば「一」なる生命によって貫かれている有機体の哲学においては、存在（being）が出発点とはなっていない。全体としての自然が、持続からなる瞬時瞬時の出来事として理解され、持続における瞬時瞬時の出来事は、人間の個や実存や生の段階から順次に始められて行くのではなく、全自然としての出来事から考察され始められる。つまり、「合生」（concrescence）がその内的構造である「自己原因」（causa sui）による現実的実質（actual entity. これは、周知のように、神以外では、同時に現実的契機〈actual occaision〉）における、積極的抱握（positive prehension）としての「感じ」（feeling）と、消極的抱握（negative prehension）としての永遠的客体（eternal object）によって考察は成り立って行く。しかし、この立場は、「自己が自己において自己を見」、同時に、そのような各自己において「世界が世界において世界を見る」、ような「自覚」や「己事究明」での、存在（ego）と生成（己事究明）が一に成り立つ絶対無や空の哲学における歴史的実在の成り立つ過程とは相違している。

ホワイトヘッドでは、『過程と実在』の冒頭に示されているように、究極的なものの範疇としての「創造性」（creativity）と「多」（many）と「一」（one）とが前提されている。というのも、「創造性」は「事物」（things）に内蔵され、「多」は「存在」に内蔵され、「一」は「実質」（entity）に内蔵されていると考えられているからである。その上、ホワイトヘッドでは、先ず、現存在（existence）の八つの範疇が提唱され、次いで、二七の説明の範疇と九つの範疇的拘束が加えられ、全部で四七の範疇が存する。しかし、これらの範疇は、カントにおける如き対象論理で成り立つ範疇とは、相違している。ホワイトヘッドでは、実体的思惟が基礎となった主語論理が避けられているからである。

このように、ホワイトヘッドにおいては、人間の「個」の自我から出発するのではなく、全宇宙としての自然という瞬時瞬時の出来事が事物（things）と存在（being）と実質（entity）を前提としていると同時に、四七の範疇もが考案されていて、事物に内蔵されている究極的観念としての「創造性」によって成り立つ「現実」の「多」から実質の「一」への、我有化を経ての「合生」は、個と種と類の三段階の区別を超えて、この三段階を共に成り立たせながら、満足（satisfaction）へと向かう。その場合、過程としての合生における概念的側面としての現実的実有（actual entity）のリアルな構成要素は、感じ（feeling）であり、またこれが現象界で働く現実的実有（actual entity）の動的側面としての現実的契機（actual occasion）のリアルな内的構造は合生（concrescence, Konkretisierung）である。

例えば、ヘーゲル哲学の核心は思惟（thinking）であったが、ホワイトヘッドの哲学の核心は「感じ」(feeling)である。彼においては宇宙に四つのタイプの実質が認められている。二種の原初的な、actual entity と純粋な潜勢態の永遠的客体（eternal object）と二種の混成的な実質、即ち感じと命題（proposition）が。これら四つの実質のうち「感じ」（feeling）が、ホワイトヘッド哲学の背骨（backbone）となっている。多から一への合成における我有化の過程での積極的抱握は feeling であり、我有化の抱握（prehension）が恣意的に働くことを制御して矯正して行く否定的抱握は eternal object である。「感じ」(feeling)は宇宙の幾つかの要素を我有化して行くが、「感じ」(feeling)

は、先ず知覚的な「物的感じ」（＝この最初の与件は actual entity）であり、次いで、概念的な「本来的感じ」（＝この客体的感じは eternal object）であり、第三の「概念的感じ」によって変異した感じ（＝これは actual entities の複合体）は直接的（direct）でなければならないと考えられている。[15] したがって、ホワイトヘッドでは、類、種、個の区別なく、大宇宙は、そのまま瞬時瞬時自然として理解され、瞬時瞬時の非連続の連続の過程と理解され、更にその時・空を越えた持続（duration）としての各瞬間の合生の核心が feeling である点において、情意を根本におく西田哲学や、カント的な、「美学的判断力」と「目的論的判断力」からなる「反省的判断力」に深く影響されて「感じ」（feeling）に重要性を見出す点でホワイトヘッド哲学は、西谷哲学に酷似している。

けれども、ホワイトヘッドの有機体の哲学は、「生成」（becoming）から「現存在」（existence）へと向かうところから出発する。西谷哲学では、自我、実存、生（life）、（虚無）そして真の自己へという個の生き様の「己事究明」が媒介となり、出発点は人間の個の生まれながらの「自我」（ego）という「存在」（being）に見出されていた。そして、やがて最終的には「事事無礙」の世界へと開けて行く。他方、ホワイトヘッドにおいては、事物（thing）、存在（being）、実質（entity）に内蔵された究極的観念として「創造性」「多」「一」が挙げられている。究極的な範疇としてのこれらの三つの範疇と、現存在（existence）の八つの範疇のうちの二つの範疇、すなわち現実的実有（actual entity）と永遠的客体（eternal object）は、ホワイトヘッドの有機体の哲学の重要な要（かなめ）となっている。この事実は、ホワイトヘッドの哲学が、自覚に基づく経験性のみならず、概念的な範疇をも含む合理性からも成り立っていることを示している。この哲学では現実における個の「己事究明」は中心的な媒介（mediation）とはなっていない。しかしながら、ホワイトヘッドにおいては、宇宙全体を瞬時瞬時の時空を越えた持続（duration）において、現実的実有（actual entity）は個の立場をも包括しながら合生の働きを進めて行く。しかも、ホワイトヘッドにおいては、主体（subject）は常に同時に自己超越体（superject）としても成り立っている。というのも、主体の感じ（feeling）には常に永遠的客体（eternal object）が働きかけているからであり、常に普遍（類）の立場を成り立たせ、包括しているからである。その上、ホワイトヘッドの八つの現存在（existence）の範疇の一つとして「結合体」（nexus）が前提されている。というのも、現実態の「総合体」は経験の具体的要素として、また一つの延長的全体としての「満足」[16]として理解されているからである。更に、有機体の哲学における因果的効果（causal efficacy）の永遠的不死性という到達点である「満足」が、否定的な整序的細分を統一する働きであると理解されているからである。

しかし、この「結合体」の現存在（existence）の範疇には、個と個の、あるいはあらゆる種類の「種」の段階が含まれている。このように、ホワイトヘッドの主体による直接的「経験性」と諸範疇から成り立つ「合理性」との両極性は、プラトンの『ティマイオス』（*Timæus*）の場（chora, hupodoke）から形成されて来ていることによると理解され得る。プラトンの『ティマイオス』からの「場所」[17]は、ホワイトヘッドでは自然の出来事に統一性を与える、いわば森羅万象の合生が形成されて行く共通の場所と理解されている。[18]

西田・西谷の絶対無や空の哲学においては、対象論理が妥当する、いわば判断的一般者の世界から人間の個が見られるが、「自己が自己において自己を見る」自覚が、判断的一般者の段階から徐々に、自覚的一般者、表現的一般者そして弁証法的一般者の段階へと深められると同時に、弁証法的一般者との相互的な限定によって、最終的には世界と自己、あるいは普遍と種と個が「一」に成り立つ絶対無の「場の開け」へと開けて行く。しかしながら、ホワイトヘッドの有機体の哲学においては、大宇宙そのものとしての「自然」の出来事ないしは合生から「満足」に至る「非連続の連続」としての過程における「生成」（becoming）から哲学され始めている。ホワイトヘッドの言葉に従えば、「存在」はその「生成」によって構成されており、この事実は「過程の原理」[19]と名づけられている。というのも、ホワイトヘッドにおいては「存在」は「生成」のための潜在態と理解されているからである。[20]

また、彼の哲学では、整合的宇宙論を「表現」し（express）、人類の宗教経験の一解釈（an interpretation）を獲得し、最終的には経験を解明（elucidation）することが目指されている。しかも、彼においては宗教は、世界―誠実心（world-loyalty）であると理解されている。つまり、神を根底とした、世界の個に対する誠の心であると同時に、個の世界に対する誠の心である。というのも、ホワイトヘッドにおいては、個の自らに対する価値と、個々の個人相互の価値と、客観的世界の価値とが、直接的直観によって結合させているると理解されているからである。[21]ホワイトヘッドでは、神は、創造者ではなく、一つの現実的実有（actual entity）であり、三つの究極的範疇のうちの一つである「創造性」（creativity）が普遍的、究極的原理となっている。創造性によって、宇宙の多が一つの「現実的契機」（actual occasion）となり、多が複合的統一性に入って行く。このような、創造性における多から一への合生は、事物の本質の内にも備わっていると理解されている。

ホワイトヘッドの哲学では、適用可能で十全な経験性のみならず、整合的で論理的な合理性が踏まえられている。したがって、彼の哲学は、三つの究極的範疇と八つの現存在（existence）の範疇を説明するために、二七の説明の範疇と九つの範疇的拘束がある。無論、彼は、経験性と合理性の両極性の根源から哲学しようと試みている。何故なら、彼は、実体—属性関係や対象論理を避け、西田哲学の用語を借りれば「述語的論理」、ないし「感じ」（feeling）を要にした自覚の論理に従い、かつ永遠的客体（eternal object）を媒介とはしながらも、「感じ」を基礎とした哲学を展開しているからである。しかも、彼が四七の範疇を前提として置かざるを得なかったのは、彼が、プラトンの『ティマイオス』の場所（chora）を一切の合生が成り立つ共通の場所ないしは受容者として理解し、それが西田哲学においてのように「絶対無の場所」とまでは理解しなかったことに起因する。つまり。ホワイトヘッドの「共通の場所」や「受容者」がイデアとしての形となった永遠的客体（eternal object）と理解されていることによると考えられる。永遠的客体が宇宙論の整合的表現、宗教経験の解釈、そして経験の解明の媒介（mediation）となり得るためには、――場所（locus, chora）あるいは受容者（receptacle, hupodoche）が「絶対無」ないし「空」の如き無実体的な絶対の無限の開けでない場合には、――無実体的な絶対の無限の開けがイデアという形となった潜勢態としての永遠的客体（eternal object）が必要になったと理解される。その上、イデアとしての永遠的客体が考案される場合には、それ以前に多くの範疇が考案され、諸範疇による表現、解釈そして解明等の説明が必要不可欠であったと理解されるのである。

三　「存在と生成」をめぐって

西谷哲学においては、「己事究明」が媒介（mediation）となって、人間の個が「自我」（ego）から「存在」（being）へ、「存在」から「実存」（existence）へ、「実存」から「生」（life）へ、「生」から「虚無的な生き方」へ、そして「虚無的生」から、久松真一の用語を借りるならば、森羅万象に通底する「無相の自己」としての「真の自己」へと転換し、最終的に、個と種と類が「一」に成り立つ「空」の場が開けた。しかも、西谷哲学における「空」の開けは、各自が生きることによってのみ体得・体認され得る開けである。これに対して、ホワイトヘッドにおいては無実体的で現存在（existence）である諸範疇や範疇的拘束が媒介となって、現実的実有（actual entity）は、潜勢態としての存在（being）から生成の段階である、「非連続の連続」から成り立っている過程における「なす」を経て、「満足」（satisfaction）に至り、因果的効果（causal efficacy）としての不死態と「なる」。不死性となって初めて伝統や文化上の資料（data）とか与件（geivenness）として不死性の「存在」として「ある」ことになる。

ところで、ホワイトヘッドにおける神は、周知のように、「原初的本性」（primordial nature）と「結果的本性」（consequent nature）と「自己超越的本性」（superjective nature）から成り立っている。[22]彼の理解している神は、キリスト教におけるような大宇宙の創造者ではないが、究極的範疇の一つである「新しさの原理」としての創造性（creativity）の刺激物（goad）でもあり、また「秩序の根底」でもあり、更に永遠的客体との連関における基底でもある。しかし、神が永遠的客体を創造するのではなく、神と永遠的客体とは同程度に相互に他方を必要としている。[23]というのも、ホワイトヘッドにおける場所ないし受容者がイデアの形を得た永遠的客体と理解され、場所ないし受容者は「絶対無」ないし「空」の開けと理解されていないからである。場所ないし受容者が「絶対無」ないし「空」の開けと理解されるならば、創造性と神の原初的本性と永遠的客体は「一」と理解され、諸範疇は単純で簡易なものとなっていたであろうと考えられるのである。

さて、二十一世紀初頭以来の、古代ギリシア哲学以来ヘーゲルに至る実体的な普遍者を核心におく哲学の推移の結果としてのニヒリズムが横行し、さらに、原水爆の投下や実験、更には原発事故による地球環境の荒廃の時代には、殆どの人々は「自我」としての非本来的な利己的なあり方で生きている。したがって、一方では、これまでのように西谷哲学に見られるような各個の「己事究明」を媒介とした「空の開け」に向かっての留まることなき精進が必要である。しかし、他方では、現代のこのニヒリスティックで地球の環境が荒廃した、己事究明とは無縁の世界と見なされている科学や技術の世界においては、ホワイトヘッドの諸範疇によって、「新しさの原理」として考案されている「創造性」に導かれつつ、各々の現実的実有（actual entity）の満足によって最終的に存立する真の潜勢的あり方としてのホワイトヘッドにおける「存在」（being）に限りなく歩み続けて行く道も必要である。しかし、ホワイトヘッドのこの道において、各々の現実的実有が満足に至ることによって自らは消滅しながらも、後続の現実的契機によって更なる合生が引き継がれて行くという仕方で、静的な（static）不死性として「ある」というだけでは、現代の諸問題の解決には、不十分ではないであろうか。各々の現実的契機は、事実上各々の満足に到達し、滅して、単に完成して、静的な不死性に参入するだけではなく、不死性に参入し得た後も、各現実的契機は新たな現実的契機の資料や与件として「潜在的存在」としてのみならず、「いのち」としてもすべての現実的実有の各々と力動的な緊密な関係のうちで、事実上、相互に感応道交（かんのうどうこう）していると理解され得るのである。したがって、ホワイトヘッドにおける「なす」から「なる」へ、そして「なる」から存在としての「ある」への過程は、更に「なす」へ、そして「なす」から「なる」へと限りなく続き、単なる静的な「存在」に終止することはなく、潜勢態としての「存在」と、事実上、理解されるのである。

西谷哲学における「己事究明」を介しての、「自我」として「ある」から、形成途上的「なす」へ、

「なす」から「真の自己」に「なる」における自覚的修行による展開も、ホワイトヘッドにおいてと同様、限りなく「反復」(=キェルケゴールにおける如き「受け取り直し」)され続けられる、非連続の連続から成り立つ道程である。何故なら、万物と一体の真の自己に「なる」としても、歴史的現実は常に新たに、人口問題、異常気候の問題、環境汚染の問題、医療技術の問題等々を人々に突きつけてくるからである。したがって、西谷哲学においてのように自覚に基づいて己事究明を媒介とした自我から「空」の開けへの道程と、ホワイトヘッドにおけるような、多くの範疇を前提とした、潜勢態としての「存在」から生成を経て満足における潜勢態としての存在と「なる」道程とは、この大宇宙が一つの「いのち」によって貫かれており、更に絶対の無限の開けである「絶対無の場所」や「空」の開けで、考察され、生きられている限りにおいては、各々の道程は限りなく続く「受け取り直し」(Wiederholung)[24]において、自己同一的であると理解されるのである。何故なら、真の自己と大宇宙とは一つの根源的「いのち」に貫かれているのであるから。そうであるからこそ、西谷宗教哲学においては各個は間断なき「事事無礙の世界」の開けへと、また他方のホワイトヘッドの宗教哲学においては、多から「一」への合生から出発し、各現実的契機の満足後に因果的効果(causal efficacy)に成り果てて死滅するが、新たな現実的契機へと新たに継続的に引き継がれて行くと考えられるのである。しかしながら、ホワイトヘッドの哲学が「絶対無の場所」や「空」の開けに成り立っていることは、彼がプラトンの『ティマイオス』の場所(chora)を絶対無の「場所」や「空」の次元までは深めはしなかったものの、現実的なものが「非存在」（not-being）を自らの成立の積極的な要因として含んでいることを認めていることから理解できる。[25] しかも、彼は、「非存在」が誤謬や真理の、また芸術や倫理や宗教の源泉であることを認めているからである。

以上の根拠から、一方の自覚の道程と、他方の範疇と経験からなる道程との両者において、「存在と生成」は、如何なる意味においても欠くことがあっては、大宇宙とその内に勿論含まれている人間は生き得ないことが理解できる。それのみならず、「己事究明」における自己の自覚と世界の自覚とからなる「自覚」と、我有化の消極的抱握（negative prehension）が永遠的客体（eternal object）として恣意的な我有化を矯正し、積極的抱握としての感じ（feeling）との両者が相俟って、究極的には、「存在」は実体的、静的、固定的となるのではなく、常に「生成」の形成作用と力動的（dynamic）に渾然一体となり、ある時は自覚的に、また在る時は合生において永遠的客体の矯正の働きの助けを借りて、因果的効果においてではなく、常に「働き」のうちにある「永遠のいのち」と一体となって、西谷の「空の哲学」もホワイトヘッドの「有機体の宗教哲学」も、初めて二十一世紀の世界的な艱難辛苦の時代において力強く働く「宗教哲学としての哲学」となり得ると考えられるのである。

註

（1）M. Heidegger, *Gesamtausgabe*, Band 13, *Aus der Erfahrung des Denkens*, Vittorio

Klostermann, 1983, S.229（Cf. Der Ort uralter Eignis, 日本語訳：太古の自性の場所）.

（2）Cf. K. Koch, *Was ist Wahrheit? —Hamburger theologische Ringvorlesung,* hrg. von Hans-Rudolf Mueller Schwefe, Vandenhoeck & Ruprecht, Göttingen, 1965, S.47-65.

（3）Cf. T. Boman, *Das hebräische Denken im Vergleich mit dem griechischen,* Vandenhoeck & Ruprecht, Göttingen, 1952. 更に次の書の論文を参照、*Hamburger theologische Ringvorlesung,* S.49-65.

（4）有賀鐵太郎著『キリスト教思想における存在論の問題』創文社、一九六九年、二四七頁参照。

（5）『西谷啓治著作集』第二巻、創文社、一九八七年、二四七頁参照。

（6）拙著『「自己と世界」の問題—絶対無の視点から—』現代図書、二〇〇五年、三四～三八頁参照。

（7）Cf. A. N. Whitehead, *The Concept of Nature,* Cambridge University Press, 1993, p.52.

（8）Cf. Op.cit. p.166.

（9）Cf. Op.cit. p.53.

（10）Cf. Op.cit. p.56.

（11）Cf. Op.cit. p.57.

（12）Cf. Op.cit. p.58.

（13）Cf. Op.cit. p.58.

（14）Cf. Op.cit. p.58.

（15）Cf. A. N. Whitehead, *Process and Reality (=PR)*, Corrected edition, edited by D. R. Griffin and D. W. Sherburne, New York, Collier Macmillan Publischers, London, 1929, p.264.

（16）Cf. PR. p.112.

（17）Cf. A. N. Whitehead, *Adventures of Ideas*, The Free Press/A Division of Macmillan Publishing Co.,Inc., New York, 1967, p.187. この箇所では、chora の訳は、「受容者」(Receptacle, hupodoche)、「場所」(Locus)。

（18）Cf. Op.cit. p.187.

（19）Cf. *PR*, p.23.

（20）Cf. *PR*, p.65.

（21）Cf. A. N. Whitehead, *Religion in the Making*, Fordham University Press, New York, 2005, 59f..

（22）拙著『キリスト教と仏教をめぐって—根源的いのちの現成としての「禅」—』ノンブル社、二〇一〇年、一六〇頁参照。

（23）Cf. *PR*, p.257.

（24）Cf. *PR*, p.137.

（25）Cf. *PR*, p.189.

初出一覧

第Ⅰ部

第一章 『私たちの教育改革通信』第二〇五号（海野和三郎東大名誉教授・東京自由大学学長創設、二〇一五年七月、一～二頁）所収

第二章 二〇一九年十一月二十四日、地球システム・倫理学会第十五回学術大会（東京大学）にて研究発表、これに加筆。発表原稿のレジュメは、『地球システム・倫理学会会報』第一五号（一五九～一六二頁）所収

第三章 二〇〇八年、「当代新儒学與京都学派」のシンポジウム（台湾大学）での招待講演。英文（Cross-cultural Perspectives on East Asian Religious Traditions: Contemporary Confucianism and Kyoto School）は『当代儒学研叢書』第二七号（中央研究院中国文哲研究所編、二〇一一年、一六五～一八四頁）掲載。邦訳は『奈良産業大学紀要』第二四号（二〇〇八年）掲載

第四章 二〇一六年六月十八日、地球システム・倫理学会・研究例会（麗澤大学東京研究センター、新宿マイラントタワー四階）での招待講演。『地球システム・倫理学会会報』第一二号（二〇一七年、三七～四四頁）所収論文に加筆

第五章 依頼論文 *Von der Hermeneutik zur interkulturellen Philosophie—Festschrift Heinz Kimmerle zum 80. Geburztag*, 2010, Bautz, Nordhausen, pp.77-92. 独文邦訳は、『科学

時代における人間と宗教』（武田龍精博士記念論集、法藏館、二〇一〇年、二三七～二五二頁）所収

第Ⅱ部

第一章　二〇〇九年六月二十一日、キェルケゴール協会第一〇回学術大会（千里金蘭大学）招待講演。『新キェルケゴール研究』第八号（二〇一〇年、一～二三頁）所収に加筆

第二章　二〇〇八年九月十四日、日本宗教学会第六十七回学術大会（筑波大学）パネル「宗教と人間の統一的把握の地平を目指して―宗教と霊性の間―」の発表原稿。『宗教研究』第三五九号（二〇〇九年、一四五～一四七頁）所収。これに加筆

第三章　二〇一〇年一月九日、東京自由大学での招待講演の「カント―自由論を中心として」に加筆・削減後、『形の文化研究』第六号（形の文化会、二〇一一年、九～一八頁）掲載

第四章　地球システム・倫理学会にて二〇一七年発表。これに加筆したものを『地球システム・倫理学会会報』第一三号（二〇一八年、三七～四四頁）所収。更にこれに加筆

第五章　二〇一四年十月十二日、日本ホワイトヘッド・プロセス学会第三十六回全国大会（桃山学院大学）にて発表。これに加筆

ヤ行

ラ行

ワ行

マ行

事　項

ア行

書　名

索　引

人　名

花岡永子はなおか・えいこ（別姓：川村〈亡夫の姓〉）略歴

1938 年 東京都に生まれる

1965 年 ドイツのハンブルク大学神学部組織神学科博士候補生コース留学（～1973 年）

1968 年 京都大学大学院文学研究科博士課程（宗教哲学専攻）中退

2000 年 イギリスの世界人名辞典センター（IBC）から International Order of Merit を授与され、同協会の Lifelong Patron に指名される

2001 年 アメリカの人名辞典協会から World Laureate を授与され、同協会から International Directory of Distinguished Leadership に指名される

現　在 大阪府立大学名誉教授、奈良産業大学名誉教授、神学博士（ハンブルク大学)、博士（文学・京都大学）

著　書『キリスト教と西田哲学』（新教出版社、1988 年)、『心の宗教哲学』（新教出版社、1994 年)、『宗教哲学の根源的探求』（北樹出版、1998 年)、『絶対無の哲学』（世界思想社、2002 年)、*Zen and Christianity*（Maruzen, 2008)、『キリスト教と仏教をめぐって―根源的いのちの現成としての「禅」』（東西霊性文庫④、ノンブル社、2010 年)、『キリスト教という現象―諸宗教の世界における一世界宗教』（共訳、大阪公立大学共同出版会、2019 年）ほか多数

東西霊性文庫⑫

「まこと」の開（ひら）け――「絶対無の場所」から

2021 年 5 月 25 日第 1 版第 1 刷発行

著　者　花岡　永子
監　修　小林　圓照
発行者　竹之下正俊

発行所　株式会社ノンブル社
〒 169-0051　東京都新宿区西早稲田 1-8-22-201
☎ 03-3203-3357　FAX 03-3203-2156　振替　00170-8-11093

装丁・石幡やよい

ISBN978-4-86644-027-9 C0310

印刷・製本　亜細亜印刷株式会社

東西霊性文庫

小林圓照
①原人論—人間性の真実を求めて

清水大介
②波即海—イェーガー虚雲の神秘思想と禅

小林圓照
③はた織りカビールの詩魂

花岡永子
④キリスト教と仏教をめぐって
—根源的いのちの現成としての「禅」

松岡由香子
⑤仏教になぜ浄土教が生まれたか

小林圓照
⑥盤珪—不生のひじり

鈴木大拙
⑦無量光・名号〔英文対訳〕

鈴木大拙
⑧妙好人、浅原才市を読み解く〔英文対訳〕

鈴木大拙
⑨アジアの社会倫理の底流と仏教思想〔英文対訳〕

島崎義孝
⑩原発　瞬楽永苦
—日本社会のエートスと仏教の位相

竹之下正俊
⑪百六十七文字の公案
—徳山宣鑑とふたりの学人

花岡永子
⑫「まこと」の開け
—「絶対無の場所」から

続巻—

村本詔司
西洋初期近代の仏教「発見」
—ウルス・アップによる研究

竹之下正俊
わたしの「徳山托鉢」攷
—続・百六十七文字の公案